TU PRIMER TRIATLÓN
PROGRAMA PARA CONSEGUIR EL ÉXITO

LUCY SMITH

TUTOR

IRONMAN® es marca registrada de la World Triathlon Corporation

Editor: David Domingo
Coordinación: Paloma González
Asesor técnico: Dr. Alberto Muñoz Soler
Traducción: Milagros Rodríguez López-Privado y Joaquín Tolsá

Título original: *First Triathlon: Your Perfect Plan for Success* de Lucy Smith.
Esta edición española es traducción de la edición original en inglés publicada por Meyer & Meyer Sport (UK) Ltd. en el año 2011.

Copyright © 2011 *by* Meyer & Meyer Sport (UK) Ltd.
© 2011 de la edición española
   by Ediciones Tutor, S.A.
   Marqués de Urquijo, 34. 28008 Madrid
   Tel.: 91 559 98 32. Fax: 91 541 02 35
   E-mail: info@edicionestutor.com
   www.edicionestutor.com

 Socio fundador de la
World Sportpublishers' Association
(WSPA)

ISBN: 978-84-7902-872-5
Depósito Legal: M-8.587-2011
Impreso en ARTES GRÁFICAS COFAS
Impreso en España – *Printed in Spain*

TU PRIMER TRIATLÓN
PROGRAMA PARA CONSEGUIR EL ÉXITO

© Dan Smith

ÍNDICE GENERAL

PRÓLOGO:
¡BIENVENIDO A TU NUEVA AVENTURA!

En algún momento de los años ochenta, el triatlón empezó a despegar como deporte. Corredores pedestres y ciclistas empezaron a aprender a nadar, hubo nadadores que se calzaron y pusieron los pies en tierra y deportistas de todas las especialidades que descubrieron que podían iniciarse en este deporte y divertirse haciéndolo. Veinte años más tarde, en el 2000, el Triatlón entró a formar parte de los Juegos Olímpicos y se vio catapultado a la cultura deportiva dominante. El triatlón como deporte nuevo y moderno es igualitario, integra numerosas habilidades y posee una vertiente muy profesional.

Donde al principio los triatletas tenían que experimentar con la equipación y el entrenamiento, actualmente hay clubes de triatlón para jóvenes y adultos, centros de entrenamiento para olímpicos en ciernes, y una plétora de empresas de equipación específica para triatlón. No cabe duda: el triatlón es grande y es aún un deporte en expansión.

Y ahora te gustaría saber de qué trata este deporte. Quizás te intriguen todas estas personas que parecen tan en forma entrenándose en bicicleta cada fin de semana, o andes a la búsqueda de una nueva meta. Tal vez hayas visto a amigos embarcándose en este deporte o visto el Ironman de Hawái por televisión. Si no sabes nada sobre cómo prepararte para un triatlón, ¡este libro es para ti!

De joven fui instructora de vela durante muchos años y enseñé a niños y adultos a llevar un barco de un sitio a otro. Para muchas personas, tan sólo meterse en una embarcación de vela ligera por vez primera era un enorme logro. Al final de la sesión, estas mismas personas podían salir navegando del muelle y volver a él con seguridad, y podían navegar sorteando las boyas. Lo que más recuerdo de aquellos días es el sentido de logro que la gente mostraba por aprender una nueva destreza. Me encanta entrenar a principiantes; me encantaba formar parte de aquello.

Después de este período, me hice corredora de competición, y viví mi sueño de ser atleta a tiempo completo. Por el camino me lesioné unas cuantas veces y, durante una de estas lesiones, conocí a un triatleta y entrenador llamado Lance Watson, que me enseñó el mundo del entrenamiento cruzado y del triatlón. No sólo tuve que aprender a nadar, sino también a competir rodeada de personas en el agua. Tuve que aprender toda una nueva cultura relacionada con la bicicleta, la equipación y los viajes requeridos para las competiciones. Me encantaba. Como triatleta pude entrenar más horas al aire libre que cuando era corredora. Empecé a participar profesionalmente en triatlones por todo el mundo, logré licenciarme en pedagogía, me saqué el título de entrenadora y me casé con aquel triatleta que me había introducido en el triatlón.

Durante los últimos diecisiete años, he estado inmersa en el deporte del triatlón como entrenadora, atleta y escritora. Lance ha sido mi entrenador durante la mayor parte de ese tiempo y he tenido la increíble buena suerte de poder entrenar en el Centro Nacional de Triatlón de Victoria (Columbia Británica) durante el tiempo que Lance fue allí el entrenador jefe. Logramos que muchos grandes campeones y olímpicos participasen en aquel grupo y la excelencia en el entrenamiento que creció en aquellos años —en torno a las Olimpiadas de Sidney, Atenas y Pekín, así como del Ironman de Hawái— tuvo una enorme influencia en mí como competidora y como entrenadora.

A mi alrededor este deporte crecía en popularidad; las pruebas se llenaban, se agotaban las localidades y los clubes locales de triatlón aumentaban de tamaño y número. Este deporte estaba pasando por un *boom*. Lance Watson y Paul Regensburg fundaron LifeSport Coaching, y actualmente asesoran a atletas —desde principiantes hasta profesionales veteranos— de todo el mundo.

Y ahora te gustaría empezar. Éste es verdaderamente un libro para principiantes. Contiene sólo la información fundamental que necesitarás para realizar tu primer triatlón. He tratado de no complicarlo mucho, pero de proporcionar suficiente información para responder a las muchas preguntas que sé que los principiantes en este deporte se plantean. El motivo de incluir estas indicaciones ha estado basado en gran medida en mis experiencias como entrenadora de triatletas principiantes, en las preguntas que nos hacen en los *clinics* y campamentos de LifeSport y en mis conocimientos sobre teoría del entrenamiento.

La primera parte del libro contiene capítulos que cubren todos los fundamentos, desde cómo entrenarse hasta cómo comer y la equipación que se necesitará. Esto se ve seguido de un Programa de Entrenamiento en 16 semanas para Principiantes orientado a terminar una prueba de distancia *sprint*. Te convendrá consultar estos primeros apartados mientras llevas a cabo el verdadero programa de entrenamiento que se encuentra en los Capítulos 9 a 12. Por último, hay un capítulo de reflexión y para progresar hacia nuevas metas.

Te deseo todo lo mejor en este nuevo desafío y este nuevo viaje. ¡Sé que te verás recompensado!

Lucy Smith

CAPÍTULO 1
Pasos seguros hacia grandes metas

1.1 ¿QUÉ ES EL TRIATLÓN?

El triatlón, en cierta época un deporte marginal practicado por unos cuantos atletas incondicionales amantes de la resistencia de California y Hawái, es ahora uno de los deportes de mayor expansión del mundo. Aunque se habían celebrado en Europa pruebas de tres deportes desde comienzos del siglo xx, el primer triatlón moderno se celebró en San Diego (California) en 1974 y fue organizado por Jack Johnstone y Don Shanahan. La prueba inaugural atrajo a 46 participantes. En contraposición, los ahora simbólicos

Campeonatos del Mundo Ironman de Kona (Hawái) atraen cada año a 1.500 atletas súper-en-forma por grupos de edad y profesionales, que tienen que clasificarse en las fases previas al Ironman. Igual que el maratón de Boston lo es para los corredores pedestres, el Ironman de Hawái es ahora la prueba soñada por miles de triatletas. En las Olimpiadas de Sidney del año 2000, el triatlón hizo su debut olímpico con 100 hombres y 100 mujeres participando en sus campos respectivos en la prueba de distancia olímpica. Según la Unión Internacional de Triatlón, el organismo rector de este deporte, ninguna otra disciplina en la historia ha alcanzado estatus de Programa Olímpico más rápidamente.

El triatlón es un deporte exigente, a menudo extenuante, pero relativamente seguro, y un deporte en el que es fácil introducirse e inmensamente gratificante para quienes se quedan. Ha encontrado su hueco en una sociedad a la que le encantan los retos y el crecimiento personal y el *fitness*. La mayoría de la gente quiere completar un triatlón tras ver por primera vez una prueba, y el número de competiciones se multiplica cada año. El emocionante triatlón olímpico, de ritmo rápido, y los extenuantes Campeonatos del Mundo Ironman de Hawái, de un día de duración, se han convertido en las piedras angulares de este deporte y con ellos han surgido personalidades atléticas, rivalidades nacionales, la excelencia en el entrenamiento e innovaciones técnicas, las cuales han convertido al triatlón en un deporte consolidado.

El triatlón también posee algo especial, y es que además de los atletas de élite que tratan de vivir del deporte, es una disciplina deportiva cotidiana, orientada a cambiar el estilo de vida y accesible a una amplio abanico de personas. Incluso con escasa o nula experiencia en ciclismo o natación, los atletas pueden optar por este deporte y sobresalir incluso siendo adultos. Al ser la preparación física y la resistencia (destrezas motrices no muy complicadas) el principal énfasis del entrenamiento, cualquiera con algo de deseo y motivación puede iniciarse. El triatlón es un deporte en el que se puede ser tan independiente como se desee o se requiera. Se necesitará una piscina y una bicicleta; pero, aparte de eso, es como correr: uno elige dónde y cuándo quiere entrenar. En las pruebas, uno estará rodeado por cientos de compañeros con ideas afines. Para personas competitivas a quienes les guste establecer objetivos de rendimiento elevados, existen *rankings* por grupos de edad que superar, pruebas para las que clasificarse, oportunidades en los Campeonatos del Mundo por grupos de edad y la emoción de ir más rápido cada año.

A medida que las pruebas se hacen más largas, también aumenta la proporción del deporte extremo, con el Ironman presentando un desafío diario a los competidores asiduos sin parangón en muchos otros deportes. El Ironman normalmente se tarda en completar entre 8 y 17 horas. Con su inicio acuático a media mañana, el ciclismo en pleno calor con el sol de mediodía, y el regreso corriendo ya en la oscuridad, los atletas Ironman pasan por tensiones emocionales, mentales y físicas que les exigen superarse y continuar. Nadie va a echarte una mano en el Ironman; eres responsable de tu propia hidratación, nutrición y rendimiento físico todo el tiempo que dura la prueba. El Ironman es extremo sin ser arriesgado ni peligroso. El triatlón es un test personal de fuerza, voluntad y fortaleza mental. Ese desafío lo ha convertido en un deporte muy popular para una sociedad que se muere de ganas por emociones verdaderas, la puesta en forma y el crecimiento personal. En el otro extremo, están las pruebas de distancia *sprint* que terminan en una hora, pero siguen exigiendo a los atletas que combinen tres deportes sin contratiempos y lo más rápidamente posible.

El triatlón es un acontecimiento multideportivo que abarca los segmentos de natación, ciclismo y carrera a pie realizados consecutivamente. El primero suele hacerse en un lago, un río o el mar; aunque, en las pruebas de pequeñas comunidades septentrionales del hemisferio norte, los triatlones de inicio de temporada pueden realizarlos en piscina. La temporada de triatlón normalmente cae en primavera, verano y otoño, debido a las condiciones meteorológicas; pero, a nivel internacional, hay pruebas todo el año. Entre marzo y diciembre hay más de dos docenas de pruebas Ironman en todo el mundo, icon ocho de ellas localizadas en Norteamérica!

El deporte del triatlón tiene varias disciplinas: la duración de las pruebas va desde sesenta minutos hasta diecisiete horas, y el terreno cambia en cada competición. La geografía típica de la zona dicta la topografía y el clima de cada prueba, así que ihay muchas posibilidades en la competición!

Las pruebas más comunes de triatlón son:

- **SPRINT:** 750 m de natación, 20 km en bicicleta y una carrera a pie de 5 km; es una distancia excelente para la iniciación.

- **OLÍMPICA:** constituida por un segmento de natación de 1,5 km, otro ciclista de 40 km y 10 km de carrera a pie. Es la única prueba de triatlón presente en los Juegos Olímpicos, pero existen Campeonatos del Mundo por grupos de edad todos los años.

- **MEDIO IRONMAN:** como su nombre sugiere, es la mitad de la venerable distancia del Ironman: 2 km de natación, 90 km en bicicleta y una carrera a pie de 21,1 km. Existen una serie de pruebas que terminan en unos Campeonatos Mundiales cada año.

- **IRONMAN:** constituido por un segmento de natación de 3,8 km, otro ciclista de 180 km y 42,2 km de carrera a pie. La prueba de los Campeonatos del Mundo Ironman se celebra cada año en Kona (Hawái).

La mayoría de los triatlones empiezan con una salida de natación en masa o una salida en oleadas en la que hileras de atletas empiezan a la vez, dependiendo de las dimensiones del área de salida, pero el objetivo es correr en formato de prueba cronometrada (tú contra el reloj) para terminar lo más rápido posible. (La única excepción a esto son las pruebas profesionales/élite de la ITU en las distancias *sprint* y olímpica, en las que a los atletas se les permite ir a rueda (*drafting*) en los tradicionales pelotones del segmento ciclista. Parte de la técnica (y de la diversión) implicada consiste en aprender a realizar la transición de la natación a la bicicleta y desde ésta a la fase de carrera a pie, lo más rápido posible, ya que ese tiempo de transición forma parte también de tu tiempo global, que dicta cómo te comportas respecto a tus competidores. La transición de la natación al segmento ciclista suele llamarse T1 y la de la bicicleta a la carrera a pie, T2.

1.2 PLANIFICACIÓN Y PREPARACIÓN BÁSICA

La primera vez que el triatleta participa en una competición, lo ideal es que elija una prueba de distancia *sprint* en su ciudad natal, o en las cercanías. Esta distancia es un punto de partida lógico y sirve de excelente introducción a la naturaleza trideportiva del triatlón y a la sensación de llevar a cabo las transiciones por primera vez. Si eres nuevo en natación, puede que tengas la oportunidad de elegir una prueba con piscina. En la primera competición tendrás posibilidades de conocer a otros deportistas, echar una atenta ojeada al material que se está empleando, y tal vez hacer preguntas a profesionales del sector que estén instalados en la prueba. Tu primer triatlón debe ser sencillo: participar, divertirte y conocer cómo funciona. Al adquirir más experiencia en este deporte, puedes empezar a establecer objetivos de rendimiento, usando el triatlón como deporte de destino (los lugares que quieres ver, pero no has tenido todavía una excusa para visitar), y proponerte mayores desafíos compitiendo en climas más calurosos en recorridos de mayor desnivel y nadando en mar abierto.

INSCRIPCIÓN

El triatlón es un deporte en el que te irá mejor si te organizas respecto a tu propósito. Desde elegir una prueba e inscribirte, hasta entrenarte y conseguir el equipamiento, la planificación y la organización para lograr el éxito son cruciales. Generalmente tendrás que registrarte e inscribirte para tu primer triatlón con mucha antelación al día de la prueba. Consulta en las tiendas de triatlón más cercanas, centros de ocio, y *online* a tu federación regional de triatlón, para conseguir un calendario de listas de pruebas, y elige una competición que te venga bien. No te compliques la vida y quédate cerca de casa para tu primer triatlón, si puedes. Es posible que hasta haya una prueba para principiantes (a menudo llamada en inglés Try-athtlon, de *try*, 'probar', 'intentar'), o un *clinic* para principiantes ofrecido a nivel local, así que haz algunas pesquisas. Ciertas pruebas se llenan pronto, de manera que planifica con antelación y cuenta con inscribirte con varios meses de adelanto respecto al día de la prueba, dependiendo de tu ciudad. Encontrar una competición unos 3-4 meses antes te dará tiempo para entrenar adecuadamente y para reunir los recursos y equipo necesarios.

Después de la inscripción, en algún momento, recibirás un paquete en el que se incluyen algunas de las siguientes cosas, o todas: dorsal, información sobre el recorrido de la prueba, calendario de la misma, distribución del área de transición, reglamento de la prueba y un gorro de baño. Mantén todo esto a buen recaudo y lee toda la información cuidadosamente. El reglamento es crucial en triatlón, ya que evita peligros a los participantes. Puedes leer acerca de los reglamentos de las pruebas de triatlón *online* en la web de tu federación. Y más importante: toma nota de cuándo tienes que pasar la revisión de tu bicicleta en las instalaciones de la prueba, si existe una revisión mecánica obligatoria de la bicicleta y un encuentro previo a la prueba, y si en el segmento de natación existen salidas por oleadas y grupos de edad, o una salida masiva. Trataremos de la planificación específica previa a la prueba en un capítulo posterior.

1.3 LOGÍSTICA Y EQUIPACIÓN

En este momento tienes que empezar a organizar alguna equipación. Entraré más en detalles respecto al equipo en el siguiente capítulo; pero, para ponerte en marcha tienes que reunir una bici y un casco, una zapatillas de correr, ropa cómoda y funcional para correr y montar en bicicleta, y un traje de baño, sombrero y gafas de natación.

NATACIÓN:

También necesitarás observar el entorno para tus sesiones de ejercicios y empezar a planificar dónde podrías practicar la natación, el ciclismo y la carrera a pie. Infórmate en la piscina más cercana sobre tiempos de natación en las calles, y también sobre natación para principiantes y *clinics* de triatlón, programas de natación para masters de triatlón, o clases si las necesitas. De todos los deportes, la natación puede ser el que tengas que planificar más, ya que sufrirás las limitaciones que imponen las horas de apertura de las piscinas.

CICLISMO:

La seguridad vial debe ser uno de los principales factores a tener en cuenta al elegir un lugar para montar en bicicleta. Muchas ciudades disponen actualmente de carriles bici y rutas ciclistas que apartan a las bicicletas del tráfico automovilista congestionado (y potencialmente peligroso), y tu objetivo es descubrir rutas empleadas habitualmente por bicicletas y/o no tanto por automóviles. Poder montar en bicicleta sin riesgos de lesión por accidente automovilístico, ni ser interrumpido por interminables semáforos o coches, es la forma más placentera de entrenarse para el segmento ciclista. Las tiendas especializadas en bicicletas y sus dependientes son maravillosas fuentes de información sobre rutas en bici, muchas de las cuales son conocidas habitualmente por todo el mundo y no están cartografiadas.

CARRERA A PIE:

Dado que suele ser preferible entrenar en senderos para reducir el impacto de correr y para prevenir lesiones, busca rutas populares de tu zona. Correr por senderos es también un agradable descanso de las calles y aceras urbanas de tu barrio o localidad y puede ofrecer un fortalecedor entorno accidentado, pero no es necesario si la falta de tiempo te impone correr por pavimento. Como al montar en bicicleta, es preferible encontrar una ruta para correr en la que puedas entrenar sin interrupciones de semáforos u otros obstáculos. Las tiendas especializadas, así como los clubes, disponen a menudo de una excelente lista de rutas para corredores.

1.4 EVALUACIÓN DE LA FORMA FÍSICA Y DE LAS DESTREZAS

¿Estás preparado para enfrentarte a tu primer triatlón? Siempre y cuando seas una persona razonablemente en forma, puedes organizar tu sesión de ejercicio con el objetivo de completar un triatlón. Los triatletas provienen de muchos ambientes. Hay muchos atletas especializados que se adaptan a este deporte combinado: remeros, gimnastas, corredores, ciclistas, expertos en clases de *step*... pueden, todos ellos, dominar un programa de entrenamiento para triatlón. Aunque tal vez no hayas hecho nada de natación desde la escuela primaria, con tal de que estés cómodo en el agua y puedas nadar 25 metros sin desviarte (preferiblemente en crol), puedes empezar. Debes ser capaz de montar en bicicleta durante al menos 20 minutos y correr durante 10, aunque también está bien emplear el método de correr/caminar (trotando un período y luego caminando otro, sin pausas). Las personas totalmente faltas de forma física, o que no han estado activas durante mucho tiempo, deben consultar al médico antes de empezar un programa de ejercicio. El programa básico de entrenamiento de este libro está escrito teniendo presente al auténtico principiante, y exigirá una dedicación aproximada de cinco horas a la semana.

La cuestión de la edad: ¿Soy demasiado mayor para competir en triatlón? Las personas de más edad que han completado el Ironman de Hawái suelen tener más de ochenta años. No hay restricciones de edad en triatlón, excepto en Ironman, donde existe una limitación para atletas más jóvenes. Los triatlones integran de maravilla a todos los grupos de edad, y siempre que un atleta esté listo y preparado, la edad no es un factor a tener en cuenta. Uno de los aspectos singulares del triatlón, que contribuye a aumentar su popularidad, es el hecho de que los atletas de todas las edades y capacidades llegan a competir codo con codo junto a participantes de élite y profesionales.

© Bakke-Svensson/Ironman

1.5 EVALUACIÓN DE LAS POSIBILIDADES DE ENCAJAR EL ENTRENAMIENTO EN TU VIDA DIARIA

Existe una historia sobre la necesidad de sacar tiempo en nuestra vida para las cosas que importan. Los hitos de nuestra vida son las relaciones que tenemos con nuestra familia, hijos, cónyuge, padres, educación recibida y nuestra salud. Si se toma un recipiente y el volumen del mismo es análogo a la cantidad finita de tiempo de que se dispone en una semana, se podrían meter tres piedras grandes que representasen estos aspectos de nuestra vida; ocupan mucho espacio, pero no consumirían todo tu tiempo. Si metes después arena, llenará todos los espacios entre las piedras. La arena representa todas las otras cosas que hacemos y tenemos, cosas que son agradables pero que no son necesarias para nuestra felicidad: coches, casas, viajes al centro comercial, lecturas, fiestas, ver la televisión o películas, navegar por Internet, hacer garabatos, limpiar. Existe una increíble cantidad de espacio para la arena. Sin embargo, si llenas el recipiente primero con arena, las piedras grandes no cabrán: todas las pequeñas cosas impedirán la entrada de lo realmente importante en tu vida. Dispones de tiempo para entrenar; sólo tienes que hacerle un hueco.

El triatlón es un deporte cotidiano, un estilo de vida. Casi todos los triatletas comentan que la calidad de su vida mejora cuando se entrenan y compiten en este deporte. El triatlón te pondrá más sano y más fuerte, tanto mental como físicamente, y si empieza a entusiasmarte este deporte, como a tantos les pasa, el entrenamiento se volverá parte de tu vida, en diferentes grados, durante mucho tiempo. Dedicar tiempo a tu salud, a tu preparación física y a tus metas personales tiene que ser algo que quieras hacer, debes valorar lo que aporta a tu vida y has de entregarte a trabajar sobre ello casi a diario.

En este punto conviene que te plantees unas cuantas preguntas:

- ¿Puedo entrenar durante aproximadamente una hora al día?

- ¿De dónde voy a sacar esa hora al día que necesito? ¿Hay flexibilidad en mi vida?

- ¿Estoy dispuesto a dejar algunas otras actividades no esenciales (la "arena" de la historia que hemos contado) para lograr mis metas?

- ¿He hablado sobre mis metas con mis seres queridos?

Si puedes encontrar respuesta a estas preguntas, puedes empezar a idear un programa que encaje en tu vida y tus demás prioridades, como tus hijos pequeños o tu trabajo. Aunque necesitarás entrenar con regularidad, no existe ningún programa determinado que les funcione a todas las personas. Puede que haya días, como los fines de semana, en que dispongas de más tiempo para entrenar, o jornadas en las que puedas meter una sesión antes o después del trabajo. Quizás te duches en el trabajo y puedas correr a la hora de la comida unas cuantas veces a la semana en vez de acercarte al bar o cafetería más cercano. Siéntate y échale un vistazo a tu semana, planificando las horas que dedicarás al entrenamiento. Consulta el horario de la piscina que encontraste y toma nota de las horas que coinciden con los momentos en los que existe la posibilidad de entrenar. Si sigues el plan de este libro, tendrás que encontrar aproximadamente una hora al día, seis días a la semana.

Ten presente que la información y el programa propuestos están encaminados a convertir tu incursión deportiva en una nueva y emocionante afición. Las sesiones de entrenamiento están pensadas para ser fáciles de completar y manejables por atletas principiantes. La meta global es enseñarte algo nuevo, que pueda integrarse en tu ya ajetreada vida, pero que añada valor y calidad, no algo que provoque estrés. Tu actitud debe contemplar desde el principio nuevas posibilidades: ¿cómo lograré que esto funcione?

Lucy reflexiona sobre la Gestión del Tiempo:

Cuando voy a triatlones, observo cómo compiten los atletas, pero frecuentemente veo a familias y siempre contemplo sonrisas. Veo a personas que trabajan a tiempo completo compartiendo el triatlón con sus parejas e hijos. La primera vez que vi el Ironman de Hawái me maravillé de los grupos de fans que tenían algunos atletas. Me conmovió la pasión por la vida que manifestaban estos grupos de apoyo. Todos ellos parecían pasarlo bien y desde luego estar allí no representaba para ellos ningún sacrificio personal. El hecho de que los atletas de Ironman estuvieran viviendo sus sueños personales durante el triatlón más agotador que existe, en combinación con el resto de su vida, no a pesar de él, fue un ejemplo fabuloso de la manera en que coexisten tu deporte y tu vida personal.

Como atleta estarás a veces cansado. El entrenamiento, por definición, consiste en estresar al cuerpo reiteradamente para que sea más fuerte y más eficiente. No sólo te encuentras en un estado de fatiga perpetuo, sino que estás también emocional y mentalmente comprometido con tus objetivos de competición la mayor parte del tiempo. Añade la pareja, los hijos y un trabajo a tiempo completo, y la vida acaba resultando muy ajetreada. Si la atención a todas estas áreas de tu vida es feliz y positiva, lo más probable es que te sientas con energía por el camino que sigues y por todo lo que haces.

No obstante, si estás haciendo lo inverso (tratar de encajar tu vida en un programa de entrenamiento), existe la posibilidad de que te obsesiones y te consuma tu hiperactividad, y de que tu sentido personal del bienestar se resienta. Con el tiempo, esta sobrecarga física y psicológica conduce a quemarse y a sentirse insatisfecho con tu vida y tu deporte.

He aquí 10 maneras de mantener la energía en la vida y el deporte:

1. *Al inicio de la temporada establece tus metas por escrito. Escribe lo que quieres lograr, no lo que crees que debes hacer. Es importante reflexionar sobre ello. Si tus metas no coinciden con lo que quieres realmente, te implicarás mucho menos que si aceptas tus verdaderos deseos. Si te inscribes para determinada competición porque tus colegas lo han hecho, pero en realidad quieres ponerte a prueba en otra, no estarás tan motivado.*

2. *Una vez hayas anotado tus metas (y tienes que ponerlas por escrito), debes contemplar tus prioridades en la vida y decidir si tus metas coinciden con tus prioridades. Si tus prioridades no coinciden con tus metas, estarás frustrado y de mal humor con el entrenamiento. A la larga es más placentero estar por completo presente emocionalmente en el partido de fútbol de tu hija durante la tarde del sábado que estar preocupado por los kilómetros de entrenamiento que no estás haciendo.*

3. *Decide ser flexible y tomarte la práctica de tu deporte con calma. Planifica la realización de tus objetivos estableciendo metas a corto plazo, un programa de entrenamiento, o al menos un plan semanal que incluya los períodos en que puedas entrenar. Al mismo tiempo, las personas ocupadas con trabajos exigentes y especialmente los padres con hijos pequeños tienen que ser flexibles con su vida. Ser capaz de aceptar que tus hijos están enfermos y te necesitan o que tienes que viajar a una reunión de negocios es más sencillo si tus prioridades están claras y sabes que, a la larga, estás siendo coherente con tu entrenamiento.*

4. *Sé sistemático con tus horas de sueño. Irte a la cama y levantarte a la misma hora con regularidad asegurará que estés lo más descansado posible. Evita las cosas que interfieran con un sueño reparador: el alcohol, la cafeína y el chocolate por la noche, aunque puedan formar parte de tu programa diario de caprichos que te concedes, afectarán a tu descanso.*

5. *Estudia tus patrones energéticos, y organiza tu jornada y entrena en consecuencia. La mayoría tenemos altibajos energéticos durante la jornada, partes del día en que nos sentimos más alerta y vigorosos y aquellas en que lo único que queremos es dar una cabezada. Si puedes, programa tu entrenamiento a las horas en que mejor te sientes, especialmente si sólo haces una sesión al día.*

6. *Sal a divertirte. La participación en el deporte es un recreo: diversión adulta en una vida de responsabilidades, trabajos, hipotecas y otras cosas serias de esta índole. Los atletas que han sabido aprovechar su fuerza interna (compitiendo con una sensación de felicidad y gozo) son los que rinden al máximo sistemáticamente.*

7. *Come bien y mantente hidratado. Aprende todo lo que puedas sobre buena nutrición deportiva, incluyendo lo que comes y cuándo, y qué proporción de tu ingesta calórica deben ser proteínas, hidratos de carbono y lípidos. Sin obsesionarte con tu dieta, haz elecciones que alimenten tu cuerpo y tu alma, aportándote la energía adecuada para sostener tu estilo de vida activo. En vez de esos alimentos basura vacíos de calorías, reemplaza las calorías perdidas con una ingesta alternativa de alto valor nutritivo.*

8. *¡Cuida tus "juguetes"! Mantén tu equipo en buen estado y lo mejor organizado posible, a fin de estar siempre listo para la partida. No hay mayor incordio que descubrir un pinchazo en la bicicleta cuando tienes que montar una hora. Recaba en la tienda de bicicletas tubos de repuesto y el equipamiento que puedas necesitar y tenlo a mano junto a la bici. Dispón de una lista de lo que se precisa para las pruebas e imprímela.*

9. *¡Estírate, y ponte fuerte, y respira! Asiste a una clase de yoga y cosecha los muchos beneficios que provoca en los atletas. Gracias al yoga puedes aprender a aprovechar y aumentar la fuerza en tu segmento somático central, la fuerza que necesitas para poner en marcha todos los demás movimientos de manera equilibrada y eficiente. Estirarás los músculos cansados y fortalecerás y elongarás la espalda después de machacarte corriendo. Aprender a respirar de verdad te ayudará en las pruebas y en tu ajetreada vida; la mayoría de atletas se sienten renovados y enriquecidos con las conexiones psicofísicas del yoga.*

10. *Trátate con cariño. Considera tu vida y tu deporte como una obra inacabada. Cada oportunidad exigente abre la puerta para un mayor crecimiento personal. Si tu tiempo y energía son limitados, haz que cada momento cuente. Los días que estés cansado, concédete una salida de casa; recréate con la luz del sol, el bosque, la camaradería de tus amigos, en vez de concentrarte en lo lento que te sientes.*

1.6   ESTABLECIMIENTO DE METAS

Tener metas, y saber qué es lo que se quiere del triatlón, es la mejor manera de asegurar una motivación y una satisfacción continuas. Mantener el interés y la entrega durante el programa de entrenamiento exige planificación y un profundo sentido de adónde se dirige uno en su temporada. ¿Qué estás tratando de lograr? Existen distintos tipos de metas con las que es necesario familiarizarse para establecer unas realistas para ti.

La gente se entrena por razones personales. Algunas personas quieren mejorar su estilo de vida, ser más activas y sentirse mejor consigo mismas. Otras, al entrenar para determinadas pruebas, tratar de ganar premios y bajar sus mejores tiempos personales, están satisfaciendo un impulso competitivo. Fijarse objetivos es lo que infunde entusiasmo y lo que hace que sigan entrenando no sólo los olímpicos y los miembros del equipo nacional. Ten presente que a algunas personas les atraen más los resultados (motivadas extrínsecamente por la victoria, los mejores tiempos personales, el adelgazamiento...) y otras se mueven en función del proceso (correr por un sentido intrínseco del bienestar, de ser felices, de sentirse más eficientes como corredores). Saber qué estilo de atleta eres te servirá para establecer metas realistas en tu programa.

Las metas soñadas son quizá las más eficaces y personales de todas: son las poderosísimas visiones que tienes de ti mismo. Las metas soñadas establecen la fase emocional de tu pasión. Puede que no se hagan nunca realidad, pero al reconocer tus sueños te estás abriendo a amplias posibilidades que no existirían si no pudieras permitirte anhelar estas cosas. Los sueños a menudo son privados y personales, pero también muy fuertes. Nuestros ideales son las enormes esperanzas positivas que albergamos en nuestro corazón y que nos ayudan a crear el tipo de vida que queremos vivir. Para muchas personas, la lucha por alcanzar sus sueños es su verdadero camino, pero a menudo ignoramos nuestra voz más potente por miedo al ridículo o a que no pueda hacerse nunca realidad. La persecución de un sueño es un viaje de por vida que merece su peso en oro. Lo que de verdad importa es tener un sueño y darse permiso para perseguirlo. Los sueños son algo grande, y nos permiten crear objetivos específicos a corto y largo plazo que se alineen con ellos. Si tu sueño es competir en el Ironman de Hawái, pero no has hecho nunca un triatlón, tienes que empezar por pasos más pequeños. Puede que te lleve varios años de pruebas y entrenamiento llegar allí, pero tu sueño te hace seguir adelante.

Tener una meta soñada orienta los objetivos más específicos, aquellos para cuya consecución hoy, esta semana, este mes, dispones ya de todas las capacidades. Los objetivos más específicos y fáciles de lograr que establezcas se dividen en objetivos a corto y a largo plazo. Estos últimos suelen establecerse para más adelante, son metas mayores, aquellas cuya consecución exige un plan para un período de tiempo más amplio, como completar un Ironman. Son propósitos importantes, porque te hacen reflexionar sobre lo que realmente te motiva y sobre los aspectos concretos de los sueños que personalmente te gustaría lograr. Es fundamental identificar estos objetivos a largo plazo y hacerlos realistas y factibles. Tu meta soñada puede ser tan ambiciosa como te atrevas a concebir, pero tus objetivos a largo plazo deben ser lógicos y alcanzables. Usando el ejemplo del Ironman, uno de ellos sería completar un Ironman distinto. Cada objetivo a largo plazo te mantiene centrado en la visión general al planificar la temporada, o durante los altibajos del entrenamiento y la competición, y hace que resulte más sencillo el proceso de planificación de objetivos a corto plazo.

Los objetivos a corto plazo son los pasos del camino que conduce hasta los propósitos marcados a largo plazo. Son las sesiones diarias de entrenamiento que necesitas para participar en tu primer triatlón, las clases de natación a las que tienes que apuntarte y las destrezas ciclistas que necesitas mejorar. Son las cosas que tienes que hacer hoy, esta semana y este mes para estar seguro de que te diriges hacia los objetivos a largo plazo y te mantienes centrado en tus sueños.

Los objetivos a corto plazo también pueden incluir pruebas que darán lugar a mejoras, tiempos que tienes que correr en el entrenamiento para lograr esa mejor marca personal, así como el tipo y frecuencia del entrenamiento que has de hacer para alcanzar tus objetivos a largo plazo. A veces los establecidos a corto plazo pueden parecer una lista de cosas pendientes, como pueda ser encontrar un entrenador que te ayude a desarrollar un mejor programa de entrenamiento, comprar el calzado adecuado e/o inscribirte con antelación en las competiciones.

Pon por escrito tus propias metas relacionadas con el triatlón. Si no tienes un gran sueño, o ni siquiera un objetivo a largo plazo, tampoco pasa nada. Para un triatleta principiante, a menudo puede tener este planteamiento:

Meta: completar mi primera prueba... ¡y divertirme!
Objetivos a corto plazo: encontrar un club de triatlón, limpiar la bici, organizar mi programa de entrenamiento y terminar de leer este libro para poder ponerme en marcha.

Pega tus objetivos en la puerta del frigorífico, clávalos en el corcho o en cualquier sitio donde puedas verlos. Consúltalos a menudo, táchalos cuando los hayas realizado, ¡y míralos los días en que tengas dificultades para motivarte!

CAPÍTULO 2
Preparación básica

LO FUNDAMENTAL SOBRE EL EQUIPAMIENTO PARA TRIATLÓN

Aunque la posibilidad de gastar dinero en este deporte sea ilimitada, para participar en tu primera competición sólo necesitas unas cuantas piezas básicas del equipamiento. En realidad, es recomendable no pasarse en la primera temporada. Con la experiencia, sabrás lo que te gusta y lo que no de un determinado equipamiento y podrás tomar mejores decisiones sobre las compras. El material esencial para cada segmento es casi el mismo que se requiere en la versión deportiva por separado de la natación, el ciclismo y la carrera a pie, y la mayor parte puede adquirirse en tu barrio o localidad, en tiendas de deportes, por Internet o a través de trueques y cambios. Las bicicletas de segunda mano son económicas y fáciles de conseguir, como lo son los trajes de neopreno, y merece la pena considerar esta posibilidad si estás comprando todo tu material por primera vez.

2.1   LA NATACIÓN

Traje de baño: busca trajes de baño de competición fabricados en *lycra* o poliéster (este último dura más en las piscinas), bien ajustados y cómodos.

Gafas: las gafas de natación, esenciales para la comodidad y la visibilidad debajo del agua, se presentan en dos estilos básicos: unas con cierres herméticos de gomaespuma para las cuencas del ojo y otras con cierres de caucho. No dejes de probarte ambos tipos antes de comprarlas y pide consejo sobre el ajuste y la comodidad. Las gafas de competición deben adherirse brevemente a la cara por succión sin ponerse la correa, y no deben meterse en las cuencas de los ojos. La tira debe colocarse alta en la cabeza, en torno a la parte más pronunciada del cráneo, no al nivel de los ojos, donde es probable que, deslizándose, se bajen y se salgan.

Gorro de baño: aparta de los ojos el pelo, evita que éste se meta en el sistema de filtros de la piscina y, en las competiciones, sirve como distintivo para los oficiales de la prueba. Elígelo con colores vivos para la natación en aguas abiertas.

Traje de neopreno: si la prueba en la que vas a participar se realiza en aguas abiertas frías, será necesario un traje de neopreno para triatlón, por razones de comodidad. Estos trajes se requieren en la mayoría de competiciones en que el agua esté a menos de 30 ºC. Los trajes de neopreno tienen que ajustar bien; si no, provocarán más resistencia al avance en el agua (algo que no se necesita para nada) o dificultará la brazada. Existen dos tipos: sin mangas y de manga larga. A algunos atletas les gusta más la sensación de los trajes sin mangas, ya que permiten una mayor amplitud de movimiento en los hombros y no producen una sensación de restricción en torno al pecho. Los trajes de manga larga son, en último término, la opción más caliente, con mejor flotabilidad y más aerodinámica. Igual que las zapatillas para correr, hay que encontrar un buen traje que se ajuste bien y que te funcione en el agua. Una buena tienda tendrá personal que pueda ayudarte al respecto.

2.2   EL CICLISMO

De los tres segmentos, el ciclismo es el más técnico y de material más complejo, pero en tu primera temporada no te compliques la vida. Los triatletas novatos pueden hacer una competición en una *mountain bike* o en cualquier bicicleta de carretera que tengan en el garaje, pero se necesitan de 12 a 18 marchas para completar un recorrido lleno de cuestas o para cambiar realmente de velocidad. Para tu primera prueba, usa cualquier bici que tengas o pide una prestada. Si dispones de una bicicleta de carretera con manillar de competición o bajo, y te parece incómodo, pásate por la tienda especializada más cercana y haz que te lo ajusten. Regular la altura del sillín, cambiando el sillín mismo, su posición o la longitud de la potencia (la pieza que conecta el manillar con el cuadro) puede ser todo lo que exija lograr algo de comodidad. Si estás pensando en comprarte una bicicleta, dirígete a un vendedor de confianza que te hayan recomendado y dedica algo de tiempo a conocer los modelos, y a elegir la que te vaya bien. Las bicicletas de competición para triatlón se presentan en una enorme gama de estilos de cuadro, materiales y precios, que van desde varios cientos hasta varios miles de euros.

Si decides invertir algo de dinero en una bicicleta de triatlón, hay que considerar varios factores, pero los dos principales son el material del cuadro y la calidad de los componentes (las partes móviles, como marchas, cambios, frenos, etc.). Los cuadros para bicicletas de competición son de carbono o de aluminio, ambos de poco peso y duraderos, destacando ligeramente el carbono en cuanto a peso y comodidad. Los conjuntos de componentes (llamados *grupos*) son elaborados por un solo fabricante y, por tanto, cada uno de los componentes es de la misma calidad. Hay toda una gama que va desde los básicos hasta los superiores, y merece la pena hablar con especialistas en ciclismo sobre tus necesidades y presupuesto y comprar el mejor *grupo* que puedas permitirte. Los *grupos* básicos no suelen recomendarse para las pruebas, porque ni son duraderos ni lo bastante suaves para permitir los ajustes sensibles y precisos que requieren las situaciones de competición.

2.3   BICICLETAS TT (TIME TRIAL) FRENTE A BICICLETAS DE CARRETERA

Los triatletas suelen meterse en este deporte y seguir practicándolo mucho tiempo, y no les importa gastarse dinero en el equipamiento que alimenta su pasión por el entrenamiento y la competición, y que hace más placentero este deporte. Actualmente incluso los triatletas aficionados que se pasan tres o cuatro días a la semana en el sillín tendrán una bicicleta de carretera, otra de contrarreloj (llamada también de triatlón, *time trial* o TT) y una *mountain bike* colgando en su cobertizo para bicis.

La bicicleta de carretera se parece a la clásica de carreras, como la que pueda verse en el Tour de Francia, con el manillar de ruta. Esta bicicleta puede adaptarse fácilmente para montar en invierno, con el añadido de guardabarros que eviten que el ciclista acabe empapado. Los triatletas emplearán la bicicleta de carretera para hacer kilómetros fuera de temporada o en invierno y cuando estén montando mucho en pelotón, situación en la que colocarse en el manillar con las manos cerca de las palancas de freno es crucial para la seguridad. Las bicicletas de carretera son también el estilo de bicicleta que emplean los triatletas de élite de la distancia olímpica, ya que montan en pelotón "a rueda" y a menudo en recorridos muy técnicos que requieren el manejo de la bicicleta del cuadro de carretera.

La bicicleta de contrarreloj, llamada habitualmente "de triatlón", es la pieza del equipamiento más fotografiada de este deporte, y el desarrollo de nuevos modelos de competición más novedosos, ligeros y aerodinámicos es un gran negocio en el mundillo. Cualquier revista del sector tiene páginas y más páginas de anuncios en papel cuché, exhibiendo las bicicletas de competición más recientes, preciosas y rápidas, y a los profesionales que las usan. La bicicleta de triatlón es la preferida para las pruebas de larga distancia y aquellas en que no se permite ir "a rueda". Está equipada con acoples fijos (*aerobars*), que son prolongaciones del manillar que permiten al ciclista adoptar una posición aerodinámica baja apoyando los antebrazos sobre acolchados especiales y agarrando los extremos de los acoples. Suelen fabricarse de carbono fuerte y ligero, con un perfil aerodinámico estrecho que provoca la mínima resistencia posible al viento. A los triatletas que montan en solitario en las distancias olímpica, medio Ironman y Ironman completo, disponer de una bicicleta

© LifeSport

ligera y aerodinámica les permite ahorrar energía, lo cual se traduce en un menor tiempo parcial en el segmento ciclista y tener las piernas más frescas para la carrera a pie. El tubo del sillín (el tubo que discurre casi verticalmente por debajo del mismo) de las bicicletas de triatlón está más inclinado que en las de carretera, ya que el ciclista está en una posición echada hacia delante mientras se apoya en los acoples.

Comprarse una bicicleta de triatlón o de carretera depende de las preferencias personales y del presupuesto. Si puedes permitirte sólo una bicicleta, vas a montar en solitario la mayor parte del tiempo y ves que vas a continuar practicando este deporte y a montar mucho, y sientes el impulso competitivo por mejorar, la bicicleta de triatlón puede que sea tu mejor opción. Si no, la bicicleta de carretera es una alternativa más práctica, puede adaptarse con acoples ajustables para pruebas en que no se permita ir a rueda, y es posible montar en ella todo el año y en pelotón con mayor seguridad.

Casco: Los cascos son obligatorios en las competiciones de triatlón y lo mejor para proteger la cabeza en caso de accidente. Llévalo siempre que montes. Hay muchos estilos y colores entre los que elegir, pero busca un casco ciclista homologado, que encaje bien y disponga de ventilación para los días calurosos. Los cascos de colores claros reflejarán el sol y el calor mejor que los oscuros, consideración que ha de tenerse presente en competiciones a plena luz del día. Si por casualidad tienes un accidente y se te rompe el casco, reemplázalo inmediatamente. Si un oficial de la prueba lo nota durante la competición, ¡puedes ser descalificado!

Zapatillas/pedales: Tienes dos opciones para fijar los pies a la bicicleta. Existen pedales de plataforma, como los de la bici que tenías de niño, en los que montas con las zapatillas sobre los pedales. Para éstas puedes comprarte rastrales, que son una especie de jaulas de plástico o metálicas con tiras para sujetar el pie y que no se mueva tanto. Y existen pedales que combinan pedal y zapatilla, llamados "automáticos", en los que tienes unas calas en la zapatilla de competición específica para ciclismo que encajan en un receptor concreto del pedal. Los sistemas automáticos han sido totalmente adoptados por las bicicletas y competiciones de triatlón dada su comodidad y eficacia. Con los pies sujetos a los pedales, no hay movimientos extras en la pierna y la transferencia de potencia desde el cuerpo a la bicicleta es lo más estable posible. Las zapatillas y pedales de competición son sin duda alguna la opción más rápida y cómoda para los largos recorridos y las pruebas, y aprender a enganchar y desenganchar la zapatilla al partir y al detenerse sólo requiere unas pocas sesiones de práctica. No te pongas nervioso al probar sistemas automáticos; tu pie no queda realmente fijo y la acción de enganchar y desenganchar se vuelve refleja, "automática", a las pocas semanas.

Gafas y guantes: Necesitarás gafas de deporte y guantes de competición por razones de seguridad. No lleves nunca gafas de montura metálica ni lentes de cristal,

© fotolia, iceteastock

ya que pueden ser peligrosas en caso de caída. Los guantes de competición no cubren los dedos y están acolchados para ser más cómodos y, también en este caso, proteger las manos en caso de caída.

Pantalones cortos: Una de las mejores inversiones que harás es comprarte un par de pantalones cortos de ciclismo. Los pantalones cortos de ciclismo están hechos de materiales elásticos y se tensan para que no se enganchen en partes de la bicicleta ni se agiten con el viento (frenan). También tienen un acolchado llamado *chamois,* parecido a unos pañales (o eso es lo que parece la primera vez que se pone uno un par de pantalones de ciclismo), que está diseñado para que quede entre tú y ese largo, duro y estrecho sillín que se encuentra en las bicicletas de competición. Ese *chamois* te salvará el culo. Literalmente. Una vez que empieces a montar para entrenar, lo comprenderás. Cómprate pantalones de ciclismo.

Para montar en invierno, también necesitarás leotardos, botines impermeables que se ponen encima de las zapatillas, un impermeable de ciclismo y guantes completos de invierno que cubran también los dedos.

Rodillo: No es una parte obligatoria del equipo, pero sí útil si no te sientes todavía cómodo en carretera o vives en un clima frío y lluvioso. El rodillo consiste en un soporte metálico fuerte que sostiene en vilo la rueda trasera de la bicicleta, ofrece resistencia al neumático y te permite rodar en interiores. Es mejor que una bicicleta estática, ya que te permite montar en tu propia bicicleta y mantener una posición cómoda.

2.4   LA CARRERA A PIE

ZAPATILLAS DE CORRER

También en este caso una tienda específica para este deporte es tu mejor apuesta para conseguir el par de zapatillas de correr adecuadas para ti. Cada marca se ajusta de manera ligeramente distinta, así que es importante probarte varios modelos para encontrar las mejores en tu caso. Con el par correcto de zapatillas, podrás evitar lesiones, así que, si encuentras unas que te funcionan, cómprate varios pares para tener reservas. Una vez que tengas el modelo que te funciona, resístete al impulso de probar marcas distintas o novedades pasajeras. Sigue fiel a lo que te funciona. Notarás que las principales marcas de zapatillas de correr disponen de modelos más baratos en rebajas. A menudo estos modelos de apariencia similar son versiones más básicas de otros más técnicos que se venden en tiendas especializadas. Las zapatillas de correr de alta gama tienen un acolchado, una flexibilidad, una capacidad de respuesta y un acabado superiores, cosas que debes considerar al hacer tu elección. Pide consejo al grupo de corredores y de triatlón y adquiérelas en una buena tienda especializada. Sus dependientes, que cuentan con la debida formación, podrán analizar tu modo de andar y asegurarse de que tengas el soporte y el acolchado correctos. Si te encanta determinado par de zapatillas, cómprate dos a la vez. Te ahorra un viaje de vuelta a la tienda, y así tendrás otro buen par de reserva para cuando se gasten las primeras.

CUÁNDO DESPRENDERSE DE LAS ZAPATILLAS

Se trata de una cuestión difícil de responder de manera concluyente porque las zapatillas de correr son muy distintas entre sí y cada corredor es único por su peso, estilo de carrera, el entorno en el que entrena y, sencillamente, lo bien o mal que trata las zapatillas. Llevarlas desgastadas casi siempre provoca dolores y molestias en las rodillas o los pies y puede provocar otras lesiones por sobrecarga. Debido a la durabilidad de la suela de las zapatillas actualmente, no prestes atención al desgaste en su parte externa, sino a la sensación de que la entresuela, la parte de caucho insuflado, ya no amortigua. Pierde eficacia después de cierto tiempo y también puede distribuir mal el peso. Generalmente, las zapatillas duran unos 650 km. Puedes hacer un cálculo aproximado desde el momento en el que adquieres tu nuevas zapatillas, y marcar en tu calendario el momento en que puedas haber hecho los 650 km, y a partir de ahí puedes empezar a estar atento a los signos de desgaste de la zapatilla y también comenzar a buscar otro par, si te han gustado ésas.

ROPA PARA CORRER

Durante años todos corríamos con pantalones de chándal y camisetas de algodón. Lo hacíamos tan rápido como ahora, pero actualmente vamos mucho más cómodos con nuestras prendas transpirables de fibra de poliéster. El vestuario de atletismo es la parte en la que puedes salirte de la norma y divertirte con los colores y los estilos. Ahora existe en el mercado una plétora de excelente vestuario para correr, incluyendo faldas y sujetadores cómodos para la mujer. Consigue una buena visera o sombrero: facilitará las carreras los días calurosos, protegiendo la cabeza del sol.

CORRER DESCALZO

No se puede hablar de correr sin debatir sobre si hacerlo descalzo o no. Se trata, con toda probabilidad, de una de las cuestiones más habituales sobre la que me consultan actualmente. El debate sobre correr descalzo es exactamente eso: un debate. En ambos bandos se presentan interesantes puntos de vista con buena base, y la controversia cubre aspectos científicos, sociológicos, antropológicos, históricos y evolutivos. Aunque el debate y la ciencia de la biomecánica y la fuerza del pie en su relación con la eficiencia y la salud de la carrera sean adecuados y merezca la pena leer sobre ellos, los que critican el correr descalzo destacan el hecho de que hacerlo en recorridos de entrenamiento, sencillamente, no es práctico para atletas urbanos modernos que quieran entrenarse. Un atleta puede correr más tiempo y con mayor comodidad con las zapatillas simplemente porque, gracias a la amortiguación, se encuentra protegido del impacto de la carrera y de los peligros del terreno, tales como piedras y vidrios rotos.

El pie es una increíble pieza de ingeniería y, gracias al arco plantar, lleva su propio sistema de suspensión incorporado, y su estructura ósea realiza la difícil tarea de sostener todo el cuerpo. Los pies que llevan calzados toda la vida no están adaptados para correr descalzo. El pie es también frágil cuando no está fuerte, por lo que no conviene salir a correr descalzo sin una progresión larga y cuidadosa. Los corredores y atletas eficientes que tienen los pies fortalecidos no deberían tener que llevar suelas muy acolchadas con aparatosos dispositivos para el control del movimiento, pero la comodidad debe ser tu principal preocupación.

El debate sobre correr descalzo es interesante, animado e imperioso, pero es importante recordar que no existen estudios concluyentes que indiquen que sea mejor correr descalzo o calzado. El único hecho real que sabemos es que las lesiones las provoca el entrenamiento. Entrenar a una intensidad excesiva, de forma demasiado prematura o durante un tiempo desmedido, o una combinación de las tres cosas, es la única causa que sabemos con seguridad.

2.5 EQUIPACIÓN PARA LAS PRUEBAS DE TRIATLÓN Y OTROS ACCESORIOS ÚTILES

Hay varios accesorios que se han desarrollado en exclusiva para este deporte con el fin de facilitar su práctica a los competidores:

- **Portadorsal:** un cómodo cinturón ligero al que se fija el dorsal. Elimina la necesidad de imperdibles y puede ponerse después del segmento de natación.
- **Cinturones para las botellas de agua:** pensados para los recorridos de entrenamiento más largos y las competiciones, los cinturones para el agua constan de una ancha pretina elástica y una botella grande, o de 2 a 4 más pequeñas para poder llevar el agua distribuida equitativamente alrededor del tronco.
- **Sistemas de hidratación:** se trata de bidones para llevar líquido con cánulas que eliminan la necesidad de sacarlos del cuadro de la bicicleta. Se montan debajo del manillar o en el cuadro y son populares para las pruebas de larga distancia.
- **Cremas para la gamuza:** existen cremas desarrolladas especialmente para ayudar al ciclista que practica mucho a aliviar las molestias de montar en el sillín. Si tienes persistentes molestias en la zona inguinal por montar en bicicleta, puedes probar esto.
- **Vestuario de competición:** La ropa típica de triatlón son trajes ligeros, ajustados, parecidos a los de baño, que pueden llevarse para los tres segmentos, eliminando así la necesidad de cambiarse en las transiciones. No tienen mangas y presentan largas cremalleras por delante y por detrás para la ventilación durante la carrera.

© Bakke-Svensson/Ironman

Unos pequeños bolsillos en la parte posterior permiten el transporte de barritas energéticas y geles. El *culote* puede presentar una pequeña gamuza que hace más cómodo el segmento ciclista y no es voluminosa para la carrera a pie. Las personas a las que, por comodidad, no les gusta llevar cinturón prefieren los trajes de una pieza, pero los de dos piezas facilitan la evacuación en las paradas "técnicas".

CAPÍTULO 3
Cómo entrenarse con pericia y confianza

Para los atletas que llevan toda la vida implicados en el deporte, las sesiones de entrenamiento se convierten en parte fundamental de su trayectoria. El ritual de natación a primeras horas de la mañana, la práctica en pista de la tarde o la larga carrera del domingo son partes indispensables de su semana y de su estilo de vida. Un tenista o un golfista invertirán horas y horas al día en ejercicios repetitivos, en su esfuerzo por estar preparados para competir. Aunque tengan grandes sueños acerca de las pruebas que desean ganar, o de cosas que quieren lograr en su deporte, la piedra angular de su vida llega a ser el ritual diario de prepararse para el entrenamiento, realizarlo y recuperarse de él.

3.1 DESARROLLAR BUENOS HÁBITOS

Al entrenar, los atletas desarrollan hábitos, buenos y malos. Los que entrenan con ansiedad y que siempre están tratando de ponerse a prueba en las sesiones de entrenamiento se ven sujetos al síndrome del quemado o *burnout* y la fatiga. Los que no calientan correctamente se arriesgan a sufrir lesiones, así como a no conceder a su cuerpo la oportunidad de rendir al máximo. Cambiar los malos hábitos lleva mucho tiempo y consume energía que se necesita para el entrenamiento y la mejora. Si te estás iniciando en este deporte, tienes ahora la oportunidad de desarrollar hábitos positivos y que te funcionen, desde el principio. Al adquirir experiencia deportiva, irás sabiendo lo que funciona y lo que no y serás capaz de ajustar tu programa de entrenamiento.

En este capítulo planteamos un enfoque positivo y lógico del entrenamiento y cómo crear rituales que te funcionen y encaminen hacia tu meta de manera productiva y alegre. Las pruebas que te fijas como objetivo son futuras competiciones que te mantienen motivado para trabajar intensamente; tus metas a corto plazo hacen que sigas trabajando de manera programada para lograr el gran objetivo, y todo ello se sustenta en las sesiones de entrenamiento, verdadera base de todo el proceso. Lo sensato es crear una base fuerte y sólida: ise trata de tu vida y de tu salud!

3.2 LOGÍSTICA DE LAS SESIONES DE ENTRENAMIENTO

- Ya que cuentas con un plan de entrenamiento, itenlo presente! Y no sólo lo que toca hoy, sino lo que tengas planeado para toda la semana. Te conviene observar con antelación los programas, tanto para planificar la semana como para empezar a prepararte mentalmente para las sesiones que se avecinan.

- Planifica los momentos y lugares en los que vayas a realizar la sesión. No lo dejes librado al azar. Tienes que saber exactamente para cuándo está programada la sesión y respetar ese momento escrupulosamente. Has de conocer dónde vas a entrenar, para no tener que tomar esa decisión justo antes de la sesión.

- A fin de asegurar el éxito, elige entornos adecuados para esa sesión. Para una carrera larga, una buen tramo de un hermoso sendero es una opción mucho mejor que atravesar la ciudad.

- Las personas con las que te entrenas forman parte del entorno. Elige compañeros de entrenamiento que te levanten el ánimo y te motiven, personas con las que sea divertido entrenar y que saquen lo mejor de ti.

- Ten el material listo para partir y en buen estado. Destina una bolsa exclusivamente a la natación, para meter en ella una toalla limpia después de cada entrenamiento, o que dejes en el coche. Deja la bicicleta lista para montar, no por ahí tirada con una rueda pinchada de la que "te ocuparás más tarde". Mantén todo el vestuario y el material para ciclismo en un lugar fácil de encontrar de tu garaje o del armario, de tal forma que no tengas que revolverlo todo para reunirlo antes de las sesiones.

- Prepárate para el tiempo que va a durar la sesión. Esto te permitirá incluir el momento del entrenamiento en tu horario, entre las demás tareas que tienes en tu vida. Entrené a una mujer que temía los días de carrera larga porque llevaba una vida muy ajetreada y experimentaba una gran ansiedad a mitad del recorrido, pensando en todas las cosas que le quedaban todavía por hacer aquel día. Para ella era importante conseguir mantenerse concentrada en el proceso de entrenamiento mientras lo realizaba. Concibió la estrategia de anticiparse a la carrera larga y, esos días, se hacía una lista de todas las cosas que tenía que hacer, incluyendo la carrera de resistencia de base de 90 minutos. Ponerse a correr le servía de recordatorio de que, efectivamente, tenía tiempo para acabar la carrera, lo cual liberaba su mente para concentrarse en el disfrute de entrenar y dejar de obsesionarse por otros detalles hasta después.

3.3 EJECUCIÓN DE LA SESIÓN

Para muchas personas, hacer ejercicio significa básicamente salir de casa durante determinada cantidad de tiempo (o hasta que se fatiguen o se aburran) y luego regresar. Entrenarse para triatlón requiere otro nivel de entrenamiento, no más difícil, sino más efectivo. Descomponer la sesión en partes —calentamiento, parte principal y vuelta a la calma— permitirá a tu cuerpo estar más preparado para el ejercicio, y podrás sacar el máximo partido de lo que seas capaz de hacer en esa sesión. Prestar atención a las

sesiones y ejecutarlas correctamente tiene enormes compensaciones: mejoras en la forma física, aprendes a ampliar los propios niveles de confort y reduces la tendencia a lesionarte.

CALENTAMIENTO

Antes de completar la sesión es esencial calentar bien el organismo. Calentar es un paso importante en la preparación del cuerpo para rendir. Necesitas que los músculos estén calientes y relajados, y la mente centrada en realizar un esfuerzo. Un organismo en caliente estará listo para el estrés fisiológico de la sesión, y centrarse mentalmente con intensidad proporciona la concentración necesaria para rendir bien. Por lo tanto, un buen calentamiento es el preludio positivo para el gran espectáculo que se avecina. El calentamiento no es más que un período de actividad física ligera y específica que prepara el organismo para el ejercicio. Debe durar de 10 a 20 minutos. Concédete el tiempo suficiente para calentar y volver a la calma, ya que apresurarse en los calentamientos puede provocar que te estreses, en vez de prepararte, y dejar de calentar o de volver a la calma es posible que aumente, a la larga, el riesgo de lesión. Mentalmente, emplea el calentamiento para sentir la emoción de entrenar, pero no para ponerte tan nervioso o ansioso que la tensión llegue a acumularse en el cuerpo. Si te sientes demasiado nervioso a causa de la sesión, realiza algunas respiraciones profundas, relájate y acuérdate de tu amor por el deporte.

CALENTAMIENTO PARA NATACIÓN

- Generalmente, 200-400 m de natación relajada y cambiando de estilo (si conoces más de uno) para empezar.
- Continúa con algunos largos con ejercicios de natación para activar los músculos y repasar la técnica correcta antes de ponerte a hacer series. Puedes centrarte en determinadas habilidades cada semana, en vez de tratar de hacer todos los ejercicios en una sola sesión.
- Llegados a este punto, algunos atletas necesitan salir de la piscina para estirar los músculos del tren superior antes de empezar la serie principal.

CALENTAMIENTO PARA CICLISMO

- Por lo general, lleva un poco más de tiempo calentar para montar en bicicleta que para correr, debido a la mayor masa muscular empleada en ciclismo y a la frecuencia cardíaca alcanzada comparativamente menor cuando se rueda con facilidad. Concédete de 15 a 20 minutos montando sin esforzarte antes de aumentar la intensidad y el esfuerzo.

CALENTAMIENTO PARA CARRERA A PIE

- Evita enfriarte durante el calentamiento. Si hace frío al aire libre, déjate puestas las capas de ropa exteriores que necesites para no quedarte frío mientras calientas.
- Trota a un ritmo realmente suave durante 15 minutos, centrándote en la respiración, estando relajado y manteniendo una postura excelente.
- Después de un trote de calentamiento, puedes intentar los ejercicios de carrera descritos en este libro. Prepararán mejor a los músculos para la posible carrera rápida que venga a continuación.
- Puede continuarse con algunos estiramientos suaves: glúteos, isquiosurales, gemelos y cuádriceps. No exageres los estiramientos antes de las sesiones.
- Para los días de carrera de largo recorrido a un ritmo cómodo, el calentamiento puede incorporarse directamente a la misma; basta con salir de casa a un ritmo suave hasta sentir que se han establecido tu marcha y zancada naturales.
- La vuelta a la calma es básicamente el proceso inverso del calentamiento; un trote muy suave de 15 minutos para permitir que los músculos se relajen y eliminen parte de los productos de desecho acumulados durante la sesión de carrera rápida.

3.4 SISTEMAS ENERGÉTICOS DE ENTRENAMIENTO PARA LA MEJORA

Si siguieras a una triatleta de nivel intermedio o con experiencia durante una semana, notarías que entrena a distintas velocidades durante el transcurso de la misma. Un día hará un recorrido de dos horas en bicicleta y podrá ir hablando con facilidad con un compañero de entrenamiento, pero el día siguiente estará trabajando tan intensamente en rodillo que el sudor bañará su rostro y sus ojos presentarán la clásica mirada "perdida", "desenfocada". Podrías verla en pista, corriendo a toda velocidad series de 400 m, con recuperaciones muy breves antes de cada repetición, mientras que, al día siguiente, trotará a un ritmo increíblemente lento durante noventa minutos. En la piscina, podrías observarla realizando una prolongada serie de veinte largos un día y realizando el siguiente un vertiginoso número de largos de 50 metros a un ritmo mucho más rápido.

Esta atleta estaría siguiendo un sistema equilibrado y preestablecido para entrenar todo su cuerpo que se ocupa de los distintos sistemas energéticos. Si permanecer sentado en el autobús durante una hora implica a tu sistema aeróbico de reposo (podrías estar montado en el autobús horas y horas, siempre y cuando hubiera refrigerios para cubrir tus necesidades de nutrición), el *sprint* que realizas para coger ese mismo autobús cuando te has retrasado emplea tus sistemas anaeróbicos (y que puedes mantener durante tan sólo de unos treinta a cuarenta y cinco segundos). Entre estos dos extremos del índice de esfuerzo se encuentra uno de los principales sistemas energéticos que emplearás para correr un triatlón, uno que entrenarás para ser más eficiente, y que te permitirá mantener un determinado ritmo constante durante aproximadamente una hora.

Dicho de otro modo, podríamos echar una breve ojeada al ritmo, desde el punto de vista de su aplicación a los sistemas energéticos y a la competición. Si has observado alguna vez el ritmo de carrera de los niños, en la salida son todo entusiasmo y pura alegría. Los niños parten como los caballos de carreras de los cajones de salida: los brazos vuelan, las piernas se mueven de arriba abajo, la cabeza se atrasa y su rostro se llena con la sonrisa más grande posible, porque correr rápido es divertido. Para ellos, correr se trata de ser un guepardo, consiste en ir a la máxima velocidad. Ignoran el hecho de que están empleando su limitado y precioso sistema anaeróbico. A cincuenta metros de la salida, las sonrisas dan paso a las muecas de disgusto y su ritmo se reduce drásticamente. La mayoría de los niños tienen que detenerse y caminar llegados a ese punto, porque han estado corriendo anaeróbicamente, es decir, generando productos de desecho a un ritmo mayor del que los músculos pueden eliminarlos. Caminar o trotar lentamente fuerza su cuerpo a entrar en el cómodo estado aeróbico y enseguida se han recuperado lo suficiente para empezar a esprintar alegremente una vez más... sólo para acabar repitiendo todo el proceso. No es de extrañar que a los niños les guste el fútbol.

El cuerpo utiliza energía para mantener el metabolismo basal, por ejemplo para la reparación y el crecimiento celular y, en general, para mantenerte con vida. Las contracciones musculares también requieren energía, ya sea para sacar la aspiradora del armario o subir en bicicleta una pendiente. El ritmo al que puedes trabajar es también una medida de tu forma física, que en este libro significa tu capacidad cardiovascular. Si has estudiado alguna vez ciencias, fisiología o biología del ejercicio, habrás estudiado los tres sistemas que el organismo utiliza para producir energía. Para aquellos que no han tenido la oportunidad, he aquí una explicación sencilla.

EL SISTEMA ENERGÉTICO AERÓBICO

El sistema aeróbico requiere oxígeno y se emplea durante el ejercicio de baja intensidad (submáximo) y para las funciones orgánicas antes mencionadas. El sistema aeróbico es muy eficiente y no genera productos de desecho, ya que el corazón y los pulmones se encargan de transportar oxígeno a los músculos que trabajan y a eliminar de ellos los metabolitos. Entrenar el sistema aeróbico es la piedra angular del entrenamiento de triatlón. Es la base de la capacidad cardíaca y pulmonar (sistema cardiovascular) haciendo que tus músculos sean más eficientes en el uso y producción de energía y, cuando están bien acondicionados, te permitirán competir a mayor velocidad y durante más tiempo. Para entrenar tu sistema aeróbico, debes hacer ejercicio durante más de veinte minutos y a un ritmo tan bajo que puedas ir hablando con alguien.

EL SISTEMA ENERGÉTICO ANAERÓBICO ALÁCTICO

El sistema anaeróbico aláctico es del que el organismo obtiene su energía inicial, y la energía que un velocista de nivel internacional empleará para recorrer la pista como un cohete. Sencillamente, los músculos necesitan un compuesto llamado adenosín trifosfato (ATP) para contraerse y desencadenar su actividad, pero los músculos sólo almacenan una cantidad muy pequeña de este compuesto. Para continuar trabajando, el organismo debe reponer constantemente el ATP. Los depósitos de energía del músculo que se agotan en la salida explosiva vuelven a niveles de normalidad tras 2 ó 3 minutos de reposo. No tendrás que invertir tiempo en desarrollar este sistema.

EL SISTEMA ENERGÉTICO ANAERÓBICO LÁCTICO

Para el trabajo intenso de hasta un minuto de duración, el organismo empleará el sistema anaeróbico láctico. Este sistema también funciona sin oxígeno, pero genera en los músculos un producto de desecho llamado "ácido láctico", al no disponerse de suficiente oxígeno para eliminarlo. La acumulación de ácido láctico suele sentirse como una "quemazón" en los músculos, hasta el punto de que, como consecuencia, las molestias y la fatiga provocan que el atleta ralentice su velocidad. Cuanto más intenso sea el ritmo de la actividad, más rápida será la acumulación de ácido láctico. El organismo elimina el ácido láctico cambiando a un ritmo más lento de ejercicio y utilizando el sistema energético aeróbico. Puede tardarse hasta 2 horas en conseguir que el ácido láctico vuelva a los niveles anteriores al ejercicio.

NOTA: Los diez primeros minutos de ejercicio suave, de recuperación activa, son la mejor manera de empezar a irrigar las piernas después de acumularse ácido láctico, una de las razones por las que los entrenadores obligan siempre a los atletas a realizar la vuelta a la calma después de las sesiones.

Estupendo: ahora ya sabes qué sistema energético empleas cuando tienes que esprintar una manzana para coger el autobús, pero ¿cómo se aplica a entrenar bien? Aunque el triatlón sea principalmente un deporte aeróbico, existe dentro de él toda una gama de intensidades aeróbicas que puedes alcanzar, desde simplemente mantenerte con vida hasta la delgada línea que separa mantenerte dentro del sistema aeróbico (librándote de los productos de desecho) y pasar al anaeróbico (acumulando ácido láctico porque estás trabajando a demasiada intensidad como para librarte de los productos de desecho). Cada individuo tiene su propio "umbral de lactato" personal, también llamado "umbral anaeróbico", que es la máxima intensidad de trabajo que puede mantenerse empleando el sistema aeróbico antes de que el organismo haga que prepondere más el sistema anaeróbico láctico. Cuanto más elevado sea tu umbral de lactato, más rápido puedes correr durante más tiempo. Después de que un atleta haya desarrollado un fuerte nivel de forma física en el nivel aeróbico, puede empezar a incorporar en su entrenamiento trabajo de velocidad, o trabajo más intenso. Trabajar sobre tu umbral de lactato es lo que te permitirá mejorar tus tiempos de 7,5 min/km hasta los 5 min/km.

El trabajo de velocidad trabaja el umbral anaeróbico (sencillamente, el punto en el que los productos de desecho del metabolismo muscular anulan la eficiencia de entrega de oxígeno, que suele sentirse como una "quemazón"). Mejorar el rendimiento a nivel de dicho umbral te permite competir a una velocidad mayor con una menor frecuencia cardíaca, lo cual quiere decir que puedes ir más rápido durante más tiempo que antes.

El entrenamiento de la velocidad también desarrolla la fuerza de las piernas generando la capacidad de mantener una longitud de zancada mayor (la cual activa más fibras musculares y requiere más trabajo) durante más tiempo. Para entendernos: si das noventa pasos por minuto a ritmo uniforme (la cadencia media de los corredores de larga distancia entrenados, vayan a la velocidad que vayan), entonces la única manera de ir más rápido es aumentar la longitud de las zancadas. Para incrementar esta longitud necesitas tener músculos fuertes y flexibles. El trabajo de velocidad enseña a tu cuerpo a alargar y fortalecer los músculos de las piernas. Los atletas que han hecho entrenamiento de velocidad pueden mantener una zancada dinámica y una cadencia rápida durante todo el tiempo que dure la prueba. Dado que el entrenamiento de la velocidad y el trabajo sobre el umbral son más intensos y conllevan un mayor riesgo de lesión, sólo tocaremos de pasada este tema en el programa de entrenamiento, jugando con tu propio ritmo, para que puedas empezar a aprender a emplear más de un tipo de velocidad.

3.5 ENTRENAMIENTO MEDIANTE EL ESFUERZO PERCIBIDO

Si bien muchos programas de nivel intermedio entrenan mediante zonas de frecuencia cardíaca, para los propósitos de tu primer triatlón emplearemos un sistema basado en la intensidad del esfuerzo percibido (IEP/EEP) (Escala de Borg). El programa utiliza zonas de entrenamiento de EEP como medida de la intensidad de la sesión. Repasando la tabla que se encuentra en el apartado 3.6 encontrarás especificaciones sobre las zonas de EEP. Las Zonas 0-2 serán principalmente de entrenamiento aeróbico. Tu frecuencia cardíaca se elevará de manera natural desde los niveles sedentarios, pero la frecuencia debe sentirse suave y cómoda. Éstas son las zonas en las que realizarás básicamente la carrera aeróbica y la de recuperación. En ellas desarrollas tu sistema cardiovascular y te proporcionan una base aeróbica sólida para tu entrenamiento.

Las Zonas 3-5 te introducen en intensidades más elevadas, carreras a mayor velocidad y con mayor fatiga. Tu corazón latirá más rápidamente, deberás concentrarte en respirar bien y tendrás problemas para hablar mientras te encuentres en estas zonas. (No debes tratar de hacerlo mientras estés en estas zonas, ya que es contraproducente.)

Entrenar mediante el esfuerzo percibido es beneficioso en el entrenamiento aeróbico de los principiantes, ya que te enseñará a prestar atención a tu cuerpo, es sencillo y no requiere ningún aparato. Al principio, incluso un ligero aumento de ritmo producirá sensaciones de dificultad y fatiga, pero con el tiempo descubrirás que tu cuerpo se está adaptando a la acumulación de lactato y que puedes ir a mayor velocidad durante más tiempo. El otro beneficio de entrenarse mediante el esfuerzo percibido, y no mediante la frecuencia cardíaca, es descubrir que tu organismo no es un robot. El sueño, el estrés, el café y otros factores ambientales pueden afectar a tu frecuencia cardíaca, provocando confusión y a veces estrés en los atletas que están tratando de lograr ritmos de trabajo poco razonables. Conocer tus propios niveles de esfuerzo en ausencia de entrenador es un inicio sólido para el entrenamiento.

La otra cara de la moneda al usar el ritmo del esfuerzo percibido es que tienes que ser muy consciente internamente y estar muy concentrado en tu cuerpo. Has de conocer cuáles son tus ritmos, prestar atención para que sea fácil de llevar a cabo, y aplicar el buen juicio al mantenerte en las zonas. Los atletas que se entusiasman demasiado y entrenan demasiados días seguidos a ritmos excesivamente altos, sufrirán las consecuencias. Con el tiempo, su cuerpo se lesionará, se cansarán y no mejorarán. Sé sincero contigo mismo. Sé tu mejor entrenador.

3.6 TABLA DE VALORACIÓN DEL ESFUERZO PERCIBIDO

Zona	Ritmo, respiración y percepción
0	Reposo.
1	Ritmo muy suave. Respiración ligera. Entrenamiento de recuperación.
2	Ritmo ligeramente más rápido. Respiración más profunda. Sigue siendo fácil mantener una conversación. Entrenamiento de base.
3	Ritmo moderado. El ritmo de la respiración se incrementa y se vuelve más difícil mantener una conversación. Entrenamiento del ritmo.
4	Ritmo rápido. La respiración se vuelve difícil. Entrenamiento del umbral anaeróbico.
5	Ritmo máximo. La respiración es muy profunda y forzada y los esfuerzos producen sensaciones de fatiga. Entrenamiento de la capacidad anaeróbica.

3.7 DIÁLOGO INTERIOR Y VISUALIZACIÓN

Gran parte de la responsabilidad para lograr el éxito en cualquier cosa gira alrededor de la planificación y de la capacidad de verse a uno mismo realizando exitosamente el empeño que sea. Los atletas de élite planifican constantemente el logro del éxito ocupándose de los detalles que afectan al rendimiento y empleando una intensa visualización mental para "verse" trabajando al máximo y sintiéndose magníficamente.

En cada sesión debes ser consciente y prestar atención a lo que está sucediendo en tu cerebro y en tu estado emocional. Sintonizar con sentimientos de calma y seguridad en uno mismo, o su contrario (el estrés y la ansiedad), tendrá grandes beneficios en tu programa global. Cada vez que te entrenas te estás dando la oportunidad de lograr algo y de sentirte bien... y estás arraigando hábitos claves y modos de pensar que quieres reproducir en el ambiente de competición, que es más intenso. Practica la relajación y el estado mental positivo que hace placentero y productivo el entrenamiento (y que es el que necesitas el día de la prueba). Si notas diálogos internos negativos acerca de tu capacidad (p. ej., "esto no se me da bien") o sobre las sesiones que temes, haz el esfuerzo de notar el diálogo interior, y cámbialo por algo más positivo y útil (p. ej., "he hecho esta sesión mejor que la semana pasada"). Trabaja sobre tu actitud para reforzar destrezas positivas. En psicología está demostrado que prepararse mentalmente para el éxito incrementa las probabilidades

© Dan Smith

de que se haga realidad. Obsérvate mentalmente a ti mismo corriendo, montando en bicicleta o nadando bien en esos días, ejecutando las destrezas competentemente y con confianza.

Realiza las sesiones relajado, incluso cuando estés cansado o no tengas un buen día. Desarrolla procedimientos para estar relajado, para rendir bien. Pueden ser claves para activar la consciencia corporal que has entrenado, tales como "hombros y espalda relajados" o formas de calmar la mente y volver a centrarse en la tarea que te traes entre manos. Llegar a ser consciente del diálogo interior negativo y entrenarte para suprimir las voces internas contraproducentes es una de las mejores cosas que puedes hacer por ti mismo y tendrá el valor añadido de trasladarse a otras esferas y ayudarte en el resto de tu vida. Recuerda que crear hábitos positivos desde el inicio es mucho más fácil que tratar de cambiar los malos. Algunos atletas adoptan la práctica de llevar un diario y tomar nota de nuevas rutinas mentales propias, con el fin de afirmar una conducta positiva hasta que esta respuesta se vuelva automática.

Distracciones: Una de las maneras más comunes que provocan que la gente rinda menos es dejarse distraer por pensamientos irrelevantes. Las distracciones suelen ser condiciones algo caóticas que se presentan inesperadamente e interfieren con nuestra percepción de cómo deben ser las cosas. El triatlón es un deporte de distracciones: se mete en el agua a un montón de extraños y se les pide que naden juntos, después de lo cual continúan compitiendo durante 1 a 17 horas en un entorno impredecible al aire libre. Tienes la opción de aceptar esta naturaleza "impredecible" del triatlón y decidir ser el mejor atleta mental que anda por ahí. La mejor manera de afrontar las distracciones es volviendo a centrarte en el proceso interno de lo que estás haciendo y decidir continuar con lo que realmente importa. Cuando sigues el curso de la corriente, las distracciones se alejan de la tranquilidad y seguridad en ti mismo que te rodea.

El reencuadre (*reframing*) es otra técnica positiva en psicología del deporte que incluye la capacidad de transformar la adversidad en algo positivo. Al reencuadrar, pasas de ser una víctima pasiva a merced de lo que esté ocurriendo, a ser un agente activo de tu propio rumbo. Si vas sin rumbo fijo, odiando la lluvia, el viento y tu bici, ¡no te estás divirtiendo precisamente! Al reencuadrar, tomas la decisión activa de contemplar el tiempo atmosférico como un reto para ser una persona mejor y con más resistencia. Los atletas que pueden sacar provecho de las malas condiciones meteorológicas, de las distracciones de los contrincantes y de la fatiga, son deportistas que permanecen relajados y se han enseñado a sí mismos a "afrontar" positivamente tales condiciones.

© Lance Watson

Trabajar en especial en el cuidado de los detalles de la planificación para completar sesiones de calidad y realizarlas bien es un paso positivo para entrenar más efectivamente. Los hábitos se aprenden y son difíciles de cambiar, pero pueden alterarse y, cuantos más hábitos positivos generes y más te libres de los negativos, más potente serás como atleta.

3.8 ENTRENARSE PARA LOGRAR LA EXCELENCIA

El entrenamiento es un camino en sí mismo, no sólo un paso que conduce a la competición. El entrenamiento nos permite controlar nuestra vida, hacer un trabajo de calidad a diario, para generar salud y fuerza en nuestro cuerpo y desarrollar hábitos y rutinas positivos que nos hagan felices. Entrenarse también nos prepara para llevar a cabo nuestros mayores sueños dorados. El entrenamiento óptimo requiere dedicación, planificación y entrega para ser lo mejores que podamos, en la medida de lo posible. Ya has elegido este libro. Dentro de él se describe un camino que puede llevarte a completar tu primer triatlón. Dentro de ti se encuentra la energía y la pasión para apropiártelo y lograr algo de lo que estés orgulloso.

Lucy reflexiona:

Así pues, una buena parte de la energía que pongo en el entrenamiento se dedica a cultivar la actitud que hace que me sienta bien. ¿Cómo cultivo esta sensación, esta confianza en mí misma? Empleo bien mi tiempo. Cuando estoy entrenando, me comprometo ante mí misma a esforzarme al máximo cada jornada, por cansada que esté, o haya sucedido lo que haya sucedido en mi vida personal. Contemplo cómo me siento cuando las cosas van bien y los pensamientos y la actitud positivos que tengo sobre mí misma, el mundo y mi entrenamiento. Trabajo en eliminar el diálogo interior negativo, las conductas contraproducentes y las acciones que sabotean el éxito.

Me gusta la disciplina de entrenar mi cuerpo y mi mente, de practicar que voy a estar segura de mí misma y alegre el día de la prueba. Cuanto más practico la seguridad en mí misma en las sesiones de entrenamiento, más fácilmente aflora esa actitud el día de la competición. Me gusta llegar a las pruebas lista para rendir. Espero estar nerviosa antes de las competiciones importantes, ya que eso quiere decir que, en lo más profundo de mi ser, me preocupa lo que hago; pero, con mi pozo de calma en el centro de mi ser, los nervios nunca llegan a debilitarme. Trabajo para liberarme de preocupaciones y ansiedades, para ser capaz de centrarme en el proceso de correr bien. Esta práctica me sirve de mucho, ya que cuando llego a una gran competición en la que hay mucho en juego, como unos Campeonatos del Mundo, tengo el consuelo de saber que toda la fuerza y el coraje que necesito están ahí presentes, en mi alma.

CAPÍTULO 4
Aspectos técnicos de la natación, el ciclismo y la carrera a pie

Uno de los aspectos emocionantes del triatlón es el hecho de que los atletas tengan que encadenar tres segmentos deportivos en una sola competición. A menudo los atletas llegan a este nuevo deporte familiarizados con una o dos de las disciplinas deportivas y necesitando aprender la tercera para completar su primer triatlón. Aprender un nuevo deporte, o adquirir nuevas destrezas en él, como pueda ser trazar mejor las curvas en la bicicleta, es uno de los aspectos que hacen tan popular y tan divertido al triatlón. Hay infinitas maneras de aprender, de poner a punto la experiencia acumulada y de mejorar e ir más rápido. Aunque este libro se centra principalmente en el entrenamiento para lograr llegar a tu primera competición, merece la pena considerar los aspectos técnicos de cada segmento deportivo que se incluye en el triatlón. Existen ejercicios específicos que pueden hacerse para mejorar como nadador, como ciclista y como corredor mientras te pones en forma y adquieres confianza en tus capacidades. Enfocar tu entrenamiento con la disposición mental de que quieres ser el mejor que puedas ser en la medida de lo posible desde ya significa que siempre trabajarás sobre tu técnica y tu destreza.

4.1   LOS SINGULARES DESAFÍOS DE LA NATACIÓN EN AGUAS ABIERTAS

La natación en triatlón se parece más a la larga distancia en aguas abiertas que a las competiciones en piscina. Aunque puedas hacer el grueso de tu entrenamiento en la piscina, es útil acordarte siempre de que las pruebas van a ser fuera de la comodidad del centro de ocio y la encantadora línea negra del fondo de la piscina que puedes seguir mientras completas tus largos. No habrá ninguna pared para girar ni desde la que impulsarte, ni corcheras que mantengan tu espacio libre de ondas y de otros nadadores.

Los recorridos de natación en triatlón varían enormemente, desde grandes rectángulos a los que se da una vuelta, hasta recorridos cuadrados más reducidos a los que se dan varias vueltas, pasando por largas líneas de ida y vuelta señalizadas con boyas. Las pruebas tienen lugar en lagos, pantanos, ríos (a veces con corriente) y el mar abierto. Las salidas de natación también varían de una competición a otra: hay salidas de pie en playas, salidas metidos en el agua hasta la cintura y salidas en aguas profundas, en las que estarás metido en el agua antes de que se dispare la señal de salida.

Pero hay algo común en todas las pruebas: después de la salida vas a estar metido en un grupo de atletas, a veces nadando muy cerca unos de otros, con algunos justo detrás de ti, inmediatamente delante de ti o a tu lado, mientras todos avanzáis sorteando grandes boyas en busca del final de este segmento. La natación en triatlón es una forma de arte: tienes que dominar tu mejor estilo y velocidad posibles, mientras te tocan, chocan contigo y se te cruzan, y sin perder el rumbo. Al final del segmento de natación, puede que termines en la playa, en un muelle, en unas escaleras o en una rampa, punto en el cual tienes que ponerte de pie, y apresurarte hasta el área de transición a fin de prepararte para

© Dan Smith

montar en tu bicicleta. Durante esta carrera, puede que tengas que empezar a quitarte también el traje de neopreno. ¡Son muchas cosas!

Hay varias cosas que puedes hacer en la piscina con el fin de prepararte para el segmento de natación:

Avistar: la práctica de mirar hacia delante adónde tienes que ir. Tu objetivo es nadar realizando la trayectoria más corta posible durante el recorrido, por lo que tienes que aprender a echar ojeadas mientras nadas, buscando la siguiente boya (que es de esperar sea muy grande y de un naranja fluorescente por motivos de visibilidad).

- Otea el recorrido levantado ligeramente la cabeza antes de tomar aire.
- Echa una ojeada antes de girar lateralmente para tomar aire.
- Mantén baja la cabeza para reducir la resistencia al avance entre avistamientos.
- Practica los avistamientos en la piscina usando objetos situados en la playa de la misma.
- Practica nadando en aguas abiertas y avistando hitos u objetos inmóviles.
- En las pruebas, antes de empezar mira las boyas y elige puntos de referencia que estén alineados.

Virajes: Durante las pruebas puede que tengas que dar 4, 5 o más vueltas en torno a unas boyas. Ésta puede que sea otra zona en la que el atasco de nadadores formando un embudo al girar provoque más contacto corporal.

- Al acercarte a la boya, bien encamínate lo más recto posible hasta el giro (la línea más corta) o bien ábrete hacia el exterior si hay gente y no quieres que te golpeen.
- Empieza a respirar hacia un solo lado —el de la boya—, ya que esto te ayudará a avistar mientras realizas el viraje.
- Acorta la brazada para dar la vuelta a la boya, utilizando el brazo más cercano, o interior, para dirigir el movimiento corporal en torno a la boya.
- Localiza la nueva boya, y luego baja la cabeza, alarga la brazada y recupera el ritmo cuanto antes.

Miedo a las aguas abiertas: A algunos atletas, salir a aguas abiertas, aunque sepan nadar muy bien, les despierta miedos irracionales y sentimientos de ansiedad. Las aguas abiertas son un entorno poco familiar, impredecible y a menudo frío, y nuestra visión y respiración a menudo se reducen. El mayor reto de las aguas abiertas y el miedo es aprender a afrontar el estrés y los problemas con la respiración. Con ansiedad y estrés, nuestra respiración se restringe y pierde eficiencia. La falta de oxígeno provoca aún más estrés, especialmente si te dan en la cara olas u otros competidores. Pronto, la atención centrada en el entorno y la incapacidad de respirar bien provocan el pánico. Hay atletas que cuentan que han pensado en tiburones incluso nadando en lagos, ilo cual indica el alto nivel de concentración mental de origen exógeno! Si eres un nadador competente, y has sido capaz de completar la distancia en la piscina, sabes intuitivamente que puedes concluir la misma en aguas abiertas. Aprender a nadar bien fuera de la piscina exige práctica y una concentración mental de tipo endógeno.

- Antes de zambullirte, realiza algunas respiraciones profundas, relájate y calma tu organismo. Tus primeras brazadas deben servir para respirar y estar relajado.
- Aprende a centrarte en claves internas: respiración, rotación del cuerpo, brazadas, batido de piernas, tu ritmo. Practica la eliminación de pensamientos no esenciales acerca del agua o el entorno. El único pensamiento sobre el entorno que necesitas es la dirección hasta la siguiente boya y evitar a otros nadadores.
- En las pruebas, hasta que consigas estar cómodo, aíslate del grupo de nadadores.
- Practica la natación en aguas abiertas lo más posible, para familiarizarte con el entorno.
- Practica nadando en aguas abiertas con otro nadador o grupo; nada a propósito cerca de ellos, establece contacto y diviértete, sin estresarte.

- Los días de sol lleva gafas oscuras para mejorar la visibilidad.
- Antes de las competiciones, calienta bien, y prepárate para concentrarte desde tu interior lo mejor que puedas.

NATACIÓN PARA PRINCIPIANTES ABSOLUTOS

Si es la primera vez que practicas el deporte de este segmento, deberías apuntarte a clases en la piscina más cercana, o a natación en grupo con un entrenador que está situado en la playa de la piscina. Aprender unos cuantos buenos hábitos desde el principio te ahorrará pérdidas de tiempo en el segmento de natación más adelante.

4.2 SER EL MEJOR CICLISTA QUE PUEDAS

Tu primera prioridad en ciclismo es la seguridad. Aprender seguridad vial y ser un ciclista seguro debe anteponerse a aprender a rodar más rápido. Cada año, muchos triatletas y ciclistas son atropellados por automóviles mientras entrenan. La mayor parte de estos accidentes son resultado de errores humanos del ciclista o del conductor del vehículo. Los accidentes pueden ser demoledores y como mínimo interrumpir tu entrenamiento y dejar la bici para el arrastre.

© fotolia, benuch

Si tu experiencia ciclista se reduce a dar vueltas de niño por el callejón sin salida de la urbanización en tu bici con sillín banana, ¡vas a tomar esa actitud de "montar para divertirte" y a convertirla en una destreza digna de una competición! Aprender a montar bien es algo que debes valorar y sobre lo que trabajar, desde trazar las curvas hasta frenar con suavidad, pasando por practicar la seguridad en pelotones. Igual que con un automóvil, tienes que controlar tu bicicleta. Puedes ir más rápido, y también tener peores caídas, en la bici que con las zapatillas de correr; pero, cuando lo domines, rodar rápido es una emoción como no hayas disfrutado nunca desde que tenías ocho años.

Como ciclista, sé consciente y concienzudo, enorgulleciéndote de tus destrezas y tus buenos hábitos, y podrás entrenar más rápido, más cómodamente y sin riesgo de lesión. La seguridad vial básica en bicicleta consiste en:

- Llevar siempre casco.
- Seguir el código de la circulación y respetar las señales de stop y los semáforos en rojo: conduces un vehículo, exactamente igual que los automovilistas con los que compartes la carretera.
- Evitar enfrentamientos emocionales con coches y automovilistas. Suelen carecer de sentido y a veces pueden provocar accidentes. Practica, en cambio, el auto-control, el dominio de las distracciones, el reencuadre (*reframing*) y sigue adelante con tu jornada.
- Ser extremadamente prudente en los cruces e intersecciones, prestando atención a los coches que puedan girar a la izquierda o a la derecha, o que tengas delante.

Si es la primera vez que montas en una bicicleta de carretera, puedes trabajar con ejercicios para sentirte más cómodo en ella. La pericia sobre la bicicleta también mejora tu economía y eficiencia ciclistas, convirtiéndote en un deportista más potente y que responde bien en las situaciones de competición. Antes de realizar estos ejercicios, haz un test básico. Baja por una carretera vacía en tu bici y sigue la línea pintada en el arcén. Si puedes seguirla sin tambalearte para todos los lados, puedes pasar a los siguientes ejercicios. Si tu bici da tumbos por la carretera, practica siguiendo una línea recta hasta que tu trayectoria se afirme. En triatlón, habrá muchos corredores en el recorrido y ocasiones en que tengas que adelantar a otros, o que te adelanten a ti. Por tu seguridad y la de los demás competidores, tienes que ser capaz de mantenerte en línea y ser predecible.

Prueba los siguientes ejercicios al final de una de tus salidas en bicicleta y dedica unos momentos a dominar tu corcel de dos ruedas. Nota: hazlos en un aparcamiento vacío, una carretera cerrada o un terreno firme con hierba.

MONTAR CON UNA SOLA MANO

¿Por qué? Para poder indicar los giros y tus intenciones a otros ciclistas, además de tomarte un gel o beber del bidón sin bajarte de la bici.

- Empieza levantando varios dedos del manillar, dejando una mano totalmente agarrada, pero relajada.
- Cuando estés contento montando con un par de dedos en el manillar, puedes retirar la mano mientras conduces con la otra.
- Cuando esto se te dé bien, puedes practicar sacando el bidón del porta y bebiendo de él.
- Aunque todos los ciclistas tienen una mano favorita para beber, practica indistintamente con las dos, mientras manejas el manillar con la otra.

CONTROLAR

¿Por qué? Tendrás que poder mirar hacia atrás para ver si vienen coches, u otros corredores en una prueba. Siempre tienes que mirar por encima del hombro antes de hacer ningún movimiento lateral o giro.

- Practica mirando hacia atrás mientras circulas en línea recta.
- Realiza pequeños controles visuales, desplazando sutilmente tu peso sobre la bicicleta, pero sin desplazarla.
- Aunque la mayoría de los controles por encima del hombro se hagan hacia la izquierda, practica por ambos lados.

EQUILIBRARSE SOBRE LA BICICLETA Y RODAR CERCA DE OTROS

¿Por qué? Las competiciones de triatlón pueden estar muy concurridas, especialmente en las transiciones. Es esencial ser capaz de rodar cerca de alguien, y si tocas otra bicicleta, esto te dará una sensación de equilibrio que puede evitar un accidente. El equilibrio también resulta útil cuando hay que esquivar algo rápidamente.

- En un terreno llano cubierto de hierba, rueda codo con codo con otro corredor, despacio y a la misma velocidad.

© Bakke-Svensson/Ironman

- Rodad tan cerca entre vosotros que los cuerpos se toquen. Inclinaos uno hacia el otro y seguid rodando.
- Haced esto en un campo de hierba, para que, si os caéis, el aterrizaje sea suave. Los dos tenéis que montar a la misma velocidad y debéis acercaros uno al otro y tocaros las manos.
- Circulando detrás de tu compañero, toca ligeramente su rueda trasera con la tuya delantera y siente cómo afecta esto al equilibrio.

TRAZADO DE CURVAS

¿Por qué? Lo más probable es que haya virajes en el recorrido de triatlón y trazar bien las curvas equivale a mejorar los tiempos y la seguridad. Los atletas que se abren mucho en las curvas o frenan en exceso se convierten en un obstáculo para los demás corredores.

- Hay que levantar el pedal interior y apoyar el peso corporal en el exterior, que estará bajo.
- Mantén tu centro de gravedad bajo, pegado a la bicicleta; para ello inclínate sobre el bastidor.
- Traza la curva con amplitud, sesgándote hacia el interior del viraje a mitad de la curva, y terminándola de nuevo en tu carril.
- Baja el codo interior, y presiona con la mano exterior sobre el manillar.
- Mira adónde quieres ir después de la curva.
- Practica en aparcamientos vacíos trazando recorridos en forma de 8.

DESCENSOS

¿Por qué? Habrá pendientes en algunos recorridos, y ser capaz de bajar bien es una parte importante y gratificante del ciclismo. Los descensos en bicicleta son una combinación de destrezas y personalidad. Algunas personas tienen el gen del atrevimiento más fuerte que otras, así que lo importante en los descensos es no superar ni tu capacidad ni tu experiencia, sin por ello dejar de imponerte el reto de mejorar o de aceptar con agrado las pendientes.

- Empieza con descensos cortos que seas capaz de hacer. Encuentra un momento del día en que haya poco tráfico, o si no una carretera con el arcén amplio y en buenas condiciones.
- Frena ligeramente al empezar el descenso, mucho antes de la curva, para entrar en ella a una velocidad en la que te sientas cómodo.
- Traza la curva utilizando las técnicas indicadas anteriormente.
- Un método infalible para mejorar es seguir en la bajada a un ciclista experto.

CADENCIA Y ESTILO

Pedalear con una cadencia alta fomenta la buena técnica y el ciclismo eficiente: cosas que quieres mejorar si eres un ciclista principiante. "Machacarse" pedaleando a baja cadencia con desarrollos muy altos gasta mucha energía y agota demasiada cantidad del precioso combustible muscular. En ciclismo todo es cuestión de finura. Tu objetivo es una cadencia alta de más de 90 pedaladas por minuto (ppm) y suaves pedaladas redondas: tirando del pedal en la misma medida que empujas sobre él para bajarlo, sin puntos muertos de potencia ni en el punto superior ni en el inferior. Puedes medir tu cadencia contando las rotaciones de una pierna durante 30 segundos y multiplicar el resultado por 2. Si tienes cuentakilómetros inalámbrico (*bike computer*), también puedes hacer con él un seguimiento de la cadencia. Mantén inmóvil el tren superior y especialmente al subir cuestas sin le-

© Bakke-Svensson/Ironman

vantarte del sillín. Por ahora, debes tratar de usar desarrollos bajos en las subidas, y no en pistón, poniéndote de pie sobre los pedales, subiendo lo más suave y eficiente que puedas, con toda tu energía concentrada en hacer avanzar la bicicleta, no en balancear el cuerpo de un lado a otro o arriba y abajo.

Mucha gente parece pensar que utilizar el plato pequeño es para debiluchos, pero ser capaz de rodar rápido con ese plato es un dato característico del buen ciclista.

SEGMENTO CICLISTA: PARA PRINCIPIANTES ABSOLUTOS

Si es la primera vez que practicas el ciclismo, no te compliques la vida. Para montar en bicicleta sólo necesitas una bici, un casco y unas zapatillas. Usa tus zapatillas de correr y empuja sobre los pedales con el antepié (la base de los dedos y la eminencia plantar). Llevar bien sujeto el manillar te permitirá guardar el equilibrio y mantener el control de la bicicleta, pero afloja el agarre y lleva relajado el tren superior para evitar fatigar la espalda. Practica los ejercicios arriba explicados montando en un aparcamiento vacío o en una recta de un carril bici y aprende seguridad vial antes de aventurarte por la ciudad. No te hace falta material especializado para tu primer triatlón; lo que sí necesitas es estar en una posición cómoda para competir. También tienes que llevar la bici al taller y hacerle una revisión mecánica antes de usarla para entrenar, así como justo antes de la prueba. Es muy decepcionante pinchar o que se te rompa un cable durante la competición.

4.3 CORRER COMO EL VIENTO

Si provienes del atletismo, sé lo que estás pensando: ayúdame a superar como buenamente pueda la natación y la bici, ¡y déjame CORRER! La carrera a pie puede ser el segmento más exigente y también el más gratificante para las piernas, en parte porque correr con las piernas cansadas es duro, pero es también el segmento en el que se atraviesa la meta: en cuanto entras en el recorrido de la carrera a pie, todos tus pensamientos empiezan a centrarse en llegar al final lo antes posible. Sólo en una sola ocasión tendrás que ponerte a correr nada más bajarte de la bicicleta por primera vez. Esa primera vez de sentir las piernas como flanes, mientras notas tu cuerpo como algo extraño, puede ser algo realmente impactante. Asegúrate de ser proactivo al menos por una vez ¡y experimenta lo que se siente al ponerse a correr nada más bajarse de la bici!

Si eres de los que no sienten la alegría de correr lo suficiente, como les pasa a esos fenómenos de la carrera a pie que parecen hacerlo sin esfuerzo, como deslizándose, empéñate en cambiar tu diálogo interior y tus metas: piensa que eres alguien que está aprendiendo a "correr rápido", en vez de reprocharte el hecho de ser demasiado lento. Inscríbete en carreras de 5 km, para poder vivenciar la carrera rápida y adquirir experiencia en competiciones y confianza en ti mismo.

La técnica y la biomecánica de la carrera a pie son temas sobre los que se debate interminablemente, y existen muchas teorías y libros por ahí que tratan sobre la técnica adecuada, las zapatillas, el ritmo y la técnica. Aunque leer todo lo posible de fuentes fiables sea siempre algo bueno, ten presente que las teorías sobre cualquier tema cambian al albur de las modas y las tendencias. A lo largo del año me gusta incorporar ejercicios básicos en los programas de los atletas a los que entreno, para mantener en buen estado la capacidad de contracción muscular y facilitar así el avance al correr con un elevado ritmo de zancada. Tratamos de reducir al mínimo los problemas eliminando los rebotes excesivos y los movimientos laterales.

He aquí algunas cosas que el triatleta principiante debe tener presentes acerca de la buena técnica de carrera:

- La buena postura es esencial. Corre bien erguido, pero no tieso, imaginando que una cuerda tira de la coronilla, como si fueras una marioneta. Te ayudará a erguirte y elongarte, pero tienes que correr con el tronco ligeramente inclinado hacia delante.

- Corre relajado. Relajar la cara y la mandíbula hace que se relajen los hombros y los brazos, y por tanto, el resto del cuerpo. La velocidad proviene de la potencia combinada con relajación. La tensión es limitante respecto a la velocidad. Controla con frecuencia la tensión muscular y practica la relajación.
- Si no recoges la barbilla y no dejas de mover la cabeza, te cansarás. Trabaja en el mantenimiento de la postura durante los momentos de fatiga, para concentrar toda tu energía en avanzar hacia la meta.
- Cuenta las zancadas. Los corredores expertos de todas las estaturas realizan unas 93 por minuto. Ésta es la forma más eficiente de correr, una forma en la que empleas tu centro de equilibrio y gravedad para correr bien, sin que la fuerza de frenado te ralentice a cada paso. Contar las zancadas realizadas con una sola pierna durante 30 segundos y multiplicar por 2 la cantidad resultante te dará como resultado tu frecuencia de zancada (zancadas/minuto). Entrena dentro de ese rango. (Si cuentas 5 zancadas menos o 6 más, esta frecuencia será mayor o menor, respectivamente).
- Practica con frecuencia poniéndote a correr nada más bajarte de la bicicleta. Correr con las piernas fatigadas es muy distinto de competir con ellas descansadas. Aunque te convenga hacer la mayor parte del entrenamiento de carrera a pie con las piernas relajadas para mejorar mucho la fuerza, correr inmediatamente después de practicar el ciclismo enseñará a tu organismo a adaptarse a las sensaciones de fatiga específicas del triatlón.
- La mayoría de las lesiones de triatlón provienen de dos factores: correr demasiado excesivamente pronto, no concediéndose la recuperación adecuada, o utilizar unas zapatillas inadecuadas. Invierte en buenas zapatillas y cámbialas cuando estén gastadas. Sigue un plan de entrenamiento y escucha a tu cuerpo. Ignorar el dolor casi siempre provoca una lesión lamentable que se podría haber evitado.
- Aprende a realizar estiramientos y trata de introducirlos como parte de tu rutina. No necesitas hiperestirar los músculos, ya que no estás buscando la flexibilidad de un gimnasta o de un yogui, pero cuidar los isquiosurales, los flexores de la cadera y todos los músculos que se insertan en la pelvis prevendrá dolores y lesiones en la región lumbar.

EJERCICIOS PARA LA CARRERA A PIE

¿Por qué? Los ejercicios de carrera refuerzan la biomecánica correcta y fortalecen los músculos implicados al correr, lo cual ayuda a prevenir lesiones, a prepararse para mejorar la velocidad de carrera (= longitud de zancada × frecuencia de zancada) en las sesiones de entrenamiento, y a retrasar la aparición de fatiga al final de la prueba. Pueden realizarse unas cuantas series de ejercicios de carrera después de unos 15 minutos de calentamiento corriendo y antes del resto de la sesión.

Los ejercicios de carrera deben hacerse relajada y lentamente, no con tensión, ni deprisa y "corriendo". Hay que centrarse en la excelencia de la postura, de la técnica y de la respiración. No tienes que desplazarte a mucha velocidad, en absoluto. Empieza con 10 segundos de cada ejercicio y haz 2 series, con un paseo o trote de 2 minutos entre series. Aumenta progresivamente hasta los 20 segundos y 3 series.

"LA A": EL EJERCICIO DE LA "MARCHA MILITAR"

"La A" se centra en contraer los flexores de la cadera (músculos situados en la cara anterior de la pelvis) de manera rítmica y dinámica. ¿Qué importancia tienen los flexores de la cadera? Si observamos a uno de esos delgados y ligeros corredores keniatas, notaremos que no tienen muy desarrollados ni los cuádriceps ni los gemelos. Los mejores corredores del mundo se basan principalmente en su capacidad pulmonar y en los flexores de la cadera. La longitud y la frecuencia de zancada provienen de las caderas, de donde se deduce la necesidad de trabajar la fuerza dinámica y la resistencia muscular de esa región. Los triatletas, que corremos inmediatamente después del segmento ciclista, a menudo tenemos fatigados los cuádriceps y debemos depender de los flexores de la cadera para seguir moviendo las piernas y mantener la cadencia de carrera (frecuencia de zancada).

- Ponte de pie bien erguido y mantén los brazos relajados a los lados.
- Eleva una rodilla hacia el pecho de manera firme y deliberada. Bájala.
- Eleva la otra rodilla de la misma manera. Bájala.
- Repite la "marcha" sobre el terreno durante 10 segundos.
- Cuando mejores, balancea rítmicamente los brazos al marchar militarmente con las piernas y aumentar la frecuencia de la marcha.
- También puedes botar ligeramente sobre el antepié del pie contrario mientras elevas la rodilla.

"LA C" CORRIENDO

Este ejercicio es excelente para la elevación del talón y mejorar la frecuencia de zancada. A veces se describe como "talones al glúteo".

La elevación rápida y muy marcada del talón contribuye a la longitud y la frecuencia de zancada. También en este caso acuérdate del escuálido corredor keniata corriendo en menos de 13 minutos los 5.000 metros. Con esa constitución corporal, el corredor eleva el talón hasta el glúteo en cada zancada, a un ritmo muy rápido. Aunque este rango de movimiento sea exagerado para los corredores normales, la consciencia de la elevación del talón y el aumento de la misma en 1 ó 2 cm pueden proporcionarte algo de velocidad extra sin mucho coste cardiovascular.

- Ponte de pie bien erguido y mantén los brazos relajados a los lados.
- Corre sobre el terreno e intenta golpearte los glúteos con los talones.
- Vuelve al suelo sobre el antepié y rebota elásticamente.
- A medida que vayas mejorando, puedes aumentar el ritmo.
- No te muevas lateralmente: mantén todas las partes del cuerpo alineadas y las rodillas juntas.

CUESTAS

¡Ah! Las encantadoras cuestas... O las detestas o te encantan. Las consideras un muro infranqueable o una oportunidad para llegar a ser un corredor excelente. Las cuestas formarán parte de la mayoría de los recorridos de las carreras a pie y las pruebas de triatlón y, por tanto, merece la pena desarrollar una buena relación con estos terrenos en pendiente y afrontarlas con una actitud positiva. Además de tu afición por las cuestas, hay algunas técnicas que te permitirán subirlas corriendo con más eficiencia.

- Inclínate ligeramente hacia la pendiente al iniciarla.
- Utiliza los brazos para impulsarte colina arriba. "¡Brazos fuertes!"
- Aumenta la frecuencia de zancada al subir, dando zancadas más cortas y rápidas.
- Siente un firme impulso con el pie de atrás.
- Céntrate en la subida y en llegar a la cima del repecho.

CORRER EN AGUA

Como alternativa al machaque e impacto de correr en tierra, los atletas puedan trasladar la carrera a la piscina. La carrera vertical en piscina profunda, práctica llamada también carrera acuática, *aquarunning, aquajogging y deep-water running,* es una forma excelente de añadir kilómetros al programa sin el impacto de la carrera en tierra.

Este tipo de carrera en agua puede servir de alternativa a hacerlo fuera de ella, o bien un añadido a un programa regular de entrenamiento de carrera a pie. Los atletas lesionados o propensos a las lesiones y las atletas embarazadas pueden correr en el agua en vez de en tierra, y realizar en piscina sesiones tanto de resistencia como de calidad les ayuda a mantenerse en forma. Cuando se reanuda el entrenamiento regular de carrera, la mayoría de estos atletas son capaces de recuperar su velocidad más rápidamente, como consecuencia del programa de carrera acuática.

La carrera en piscina sirve también como una útil sesión de recuperación para contrarrestar la fatiga muscular sin el machaque que produce correr en tierra. Estresa menos al organismo y, además, el entorno acuático, más ligero, permite a los atletas recuperarse con mayor rapidez entre sesiones.

CÓMO CORRER EN PISCINA

Corre en la parte profunda, donde los pies no toquen el fondo (muchas de las piscinas grandes tienen una calle especial en esa zona, o en la piscina de saltos) y, hasta dominar la técnica de la carrera vertical en piscina profunda, lleva en la cintura un estrecho flotador específico para esta actividad. Este flotador se parece a un cinturón de algo más de 20 cm, de gomaespuma de alta densidad, con una hebilla para tensarlo en torno a la cintura. Muchas piscinas los tienen a mano para sesiones de *fitness* acuático y es posible que puedas coger uno prestado. Con el flotador puedes mantener una buena posición corporal mientras te centras en replicar la técnica de la carrera auténtica.

Métete en la piscina y adopta enseguida en el agua una posición lo más vertical posible. Manteniendo los puños como normalmente harías al correr, empieza a bombear con los brazos y deja que las piernas los sigan. En vez de arrastrar las piernas por el agua con lentas zancadas, céntrate en un estilo en pistón: eleva las rodillas y extiende la espalda hacia abajo, en dirección al fondo de la piscina. Este estilo producirá la sensación de ser más un ejercicio que tu verdadero estilo al correr, pero así podrás mantener una mayor frecuencia de "zancada". Mantén relajado el tronco, que estará vertical, con una ligera inclinación hacia delante. Mueve los brazos como en tierra y mantén las manos cerradas: ni en forma de pala, ni haciendo remadas en el agua. He aquí unos cuantos consejos adicionales para ayudarte a sacar el máximo partido de la sesión de carrera vertical en piscina profunda:

- No tienes que preocuparte tanto de la velocidad del avance como de la frecuencia de "zancada". El objetivo es elevar y bajar rápidamente las rodillas.
- Las manos están cerradas, sin apretar los puños, como al correr; no hagas remadas en el agua.
- Comprueba la postura, debe estar sustentada por los músculos del segmento somático central —la musculatura de la mitad inferior del tronco, incluyendo: los músculos del suelo pélvico, el multífido, los abdominales (recto, transverso y oblicuos internos y externos), el diafragma y los erectores de la columna (sacroespinales), en especial el longísimo del dorso; aparte, y en menor medida, se considera que pertenecen a dicho segmento el dorsal ancho, el glúteo mayor y el trapecio—.
- Algunos atletas llevan puestas zapatillas para correr o calzado de natación, para mantener la presión sobre los pies.

CARRERA A PIE: PARA PRINCIPIANTES ABSOLUTOS

Si tienes molestias corriendo durante 15 minutos, puedes empezar con un programa que alterne caminar con correr. Un programa de caminar/correr te permitirá adaptarte, gradualmente y de manera controlada, a la intensidad e impacto de la carrera. Tienes que tener paciencia con la progresión e ir aumentando suavemente hasta llegar a correr solamente. Puedes repetir días si te parece que lo necesitas, pero no te saltes sesiones. El objetivo no es aumentar la intensidad, sino la cantidad de tiempo que pases corriendo, de manera que al final de la progresión puedas correr 60 minutos más o menos cómodamente. El programa de este libro es una progresión de caminata y carrera.

LA RESPIRACIÓN AL CORRER

Ser consciente de la respiración también te ayudará a mejorar como corredor. Debes respirar por la boca y centrarte por igual en la espiración y la inspiración. La fase de espiración es una parte importante del sistema aeróbico y ayuda al organismo a eliminar productos de desecho de los músculos y de la sangre. Una espiración eficiente permite al cuerpo recibir una buena bocanada de aire fresco, rico en oxígeno, para continuar el ciclo aeróbico. La respiración debe estar acompasada con la carrera, para dar lugar a un estilo suave y eficiente. Evita las respiraciones cortas, superficiales, "hiperventilantes", que provocan deuda de oxígeno y (a veces) flato.

- Mientras corres con soltura, empieza a respirar profunda, pero relajadamente. No debe existir ninguna tensión.
- Nota la relación entre las zancadas y la respiración. ¿Cuántas veces apoyas los pies en el suelo entre la inspiración y la espiración?
- Muchas personas tienen un ritmo natural en el que la inspiración va siempre unida a la zancada con la pierna del mismo lado. (Tu caso puede que sea distinto, pero esfuérzate por lograr un ritmo relajado y regular de zancadas y respiración.)

© David McColm

EL FLATO

No hay nada más molesto y misterioso que el "temido" flato, ese dolor punzante por encima del abdomen que se presenta en las competiciones y te hace desear detenerte y doblar el tronco. En realidad, no se sabe bien por qué ocurre, pero sí que existe una relación entre el flato y la respiración. El llamado flato es un calambre del diafragma, ese gran músculo que ayuda a inhalar y expulsar el aire del organismo. Este músculo se contractura por la acción de correr mientras está tratando también de realizar su función: contraerse y expandirse. Los demás órganos situados en la caja torácica o en sus inmediaciones también pueden verse afectados, en especial el hígado, que es la razón de que el flato se presente con mayor frecuencia en el lado derecho del cuerpo. Todos estos movimientos extras pueden provocar un espasmo en el diafragma, así como dolor. La respiración irregular o tensa es probablemente la causa principal, pero también existen otros factores que considerar.

PARA TRATAR DE REDUCIR LA PROBABILIDAD DEL FLATO:

- No empieces las carreras demasiado rápido, especialmente cuando no estés en forma.
- Relájate antes de empezar y, mientras corres, comprueba a menudo si estás relajado.
- Respira profundamente y espira bien.
- Si eres propenso al flato, presta atención a la ingesta de comida y líquidos antes de correr.

SI TIENES FLATO:

- Baja el ritmo, empieza a realizar profundas respiraciones abdominales y relájate.
- Estira el tronco hacia arriba y abre los costados, no te flexiones.
- Cambia la combinación apoyo/respiración para espirar al apoyar el pie izquierdo. Esto aliviará la presión causada al impactar contra el suelo mientras el hígado choca contra el diafragma.

El flato es muy habitual y suele presentarse cuando estás tenso o falto de entrenamiento para el ritmo que estás tratando de establecer. Prestar atención a las tensiones antes de correr a pie o competir es, en todo caso, una buena práctica y puede evitar que el flato te haga perder el ritmo. Si te da el flato, tu actitud se convierte en tu mejor aliado. En vez de caer en un estado mental negativo y desanimarte, afronta el flato de manera positiva y sigue con tu jornada lo mejor posible.

4.4 ENTRENAMIENTO DE LAS TRANSICIONES

Una prueba de triatlón bien corrida incluye una realización fluida y rápida de las transiciones. Los tiempos de las transiciones, llamadas también el 4.º segmento del triatlón, se incluyen en el cálculo de tu tiempo global en la prueba. Practicar para lograr realizarlas de manera fluida permitirá que la prueba también lo sea: menos estresante y en menos tiempo. La mayor parte de los errores del triatlón el día de la prueba ocurren en el área de transición, principalmente porque los atletas no están preparados y no las han practicado. Entrenas horas y horas para mejorar unos minutos en el segmento ciclista, ¡mientras que se requieren sólo 10 minutos a la semana de práctica para ahorrar dos minutos en tu tiempo de transiciones!

Entrenar las transiciones incluye dos aspectos: el técnico y el físico. El aspecto técnico incluye la preparación de tu zona de transición y el equipo, así como saber lo que hacer cuando sales del segmento de natación, o entras en la zona después del segmento ciclista. Ser capaz de quitarse el traje de neopreno, abrocharse el casco, subirse en la bicicleta o quitarse las zapatillas rápidamente, y todo eso en el calor de la competición, es sencillamente resultado de buenos ejercicios y de práctica.

El entrenamiento físico de las transiciones implica adaptarse a las exigencias del cambio de posiciones musculares y corporales en medio de la competición mientras estás trabajando a un ritmo elevado. El entrenamiento de las exigencias físicas de las transiciones se conoce como sesiones de "ladrillo" o, simplemente, "ladrillos", porque colocas un deporte después del otro. Ir corriendo durante 400 m desde la zona de natación hasta la de transición, y luego saltar sobre la bici sería el ladrillo de natación-ciclismo y ponerte a correr nada más bajarte de la bicicleta sería el ladrillo de ciclismo a carrera a pie.

EJERCICIOS PARA LAS TRANSICIONES

(La fluidez y progresión de una gran transición se describen de manera más completa en el capítulo 6, **"Prepararse para la prueba"**.)

* Invierte algo de tiempo en practicar la transición de natación a ciclismo (T1) y la de ciclismo a carrera a pie (T2) creando pequeñas zonas de transición en casa o en la piscina.
* Estas sesiones pueden reducirse a tan sólo 15 minutos planificándolas al final de las sesiones normales de entrenamiento.
* Distribuye todo el material necesario, incluyendo el de ciclismo y la carrera a pie, así como la alimentación, y practica los cambios de ropa, además de montando y desmontando de la bicicleta.

- Cuanto más practiques las transiciones, más fluida y libre de estrés estará la prueba y menor esfuerzo realizarás debatiéndote en la transición. Pronto descubrirás cuál es el material que tienes que llevar y lo rápidamente que puedes adaptarte a la siguiente disciplina.

4.5 ENTRENAMIENTO DEL LADRILLO DE CICLISMO-CARRERA A PIE

Es de fundamental importancia practicar la carrera directamente después del recorrido ciclista. Te conviene ser consciente de las extrañas sensaciones que tendrás, desde sentir las piernas de "goma" hasta rigidez muscular o tan sólo cansancio en los miembros inferiores, y saber que, después de varios minutos corriendo, tu cuerpo recordará cómo hacerlo y te sentirás más normal y capaz de terminar el recorrido (aunque probablemente todavía cansado).

Inicialmente, entrenarás un ladrillo de caminar/trotar justo después del recorrido en bicicleta. Esto aliviará la transición entre las dos disciplinas. Cuando tus músculos estén entrenados, puedes reducir el tiempo de caminata y aumentar el de carrera. Los diez primeros minutos son la parte crítica de la sesión de ladrillo. Incluso una carrera corta nada más descender de la bicicleta, realizada a intervalos regulares, produce adaptación muscular.

NO SÓLO PARA LOS PROFESIONALES

Aunque los triatletas profesionales se distingan por un talento natural para el alto rendimiento, unido a la determinación de destacar y competir, todo el mundo puede adoptar la actitud de los expertos. Cuidar los detalles, no dejar piedra sin mover y ser concienzudo forman parte de la dinámica actitud de los triunfadores. Sé organizado y no pases por alto detalles importantes. ¡Tu plan de entrenamiento tendrá más éxito y estarás orgulloso de tu experiencia de competición!

© Bakke-Svensson/Ironman

CAPÍTULO 5
Entrenadores personales, programas *online* y clubes

Al empezar a entrenar puedes emprender diversas modos de trabajo: optar por hacerlo solo, utilizando únicamente libros, revistas e Internet como fuentes de información; inscribirte en un club de triatlón y participar en las sesiones de natación, ciclismo y carrera a pie del club, o contratar a tu propio entrenador para que te diseñe un programa y te sirva de apoyo en el proceso.

El campo del entrenamiento, tanto deportivo como personal, se ha desarrollado durante los veinte últimos años y existen ahora profesionales y expertos cualificados en el sector que proporcionan servicios de entrenamiento a atletas motivados. Disponer de entrenador personal quedaba reservado al atleta de élite; el entrenador era un mentor y un tirano que les sometía a duras sesiones conducentes al logro de sus sueños olímpicos. Los entrenadores casi siempre trabajaban para federaciones nacionales en centros de alto rendimiento o para institutos de enseñanza media y universidades. Al atleta normal por grupos de edad se le dejaba a merced de los recursos de su propia experiencia deportiva pasada, tal vez con la ventaja añadida de tener un entrenador voluntario supervisando el entrenamiento.

Disponer de entrenador es actualmente una opción personal viable en un mundo en el que los atletas por grupos de edad buscan la excelencia y la satisfacción en su vida deportiva y están dispuestos a pagar los servicios de un profesional que pueda orientarles para alcanzar sus metas.

Los entrenadores deportivos se diferencian de los entrenadores personales en que trabajan con un cliente de manera continuada y tienen que diseñar programas de entrenamiento anuales que abarquen todo el conjunto de la persona: la preparación física, el bienestar mental, la psicología deportiva y el entrenamiento de la fuerza de ese individuo. Además del programa de entrenamiento anual, los entrenadores deportivos están ahí para ofrecer servicio y retroalimentación, orientando a esa persona en el establecimiento de objetivos y la elección de las competiciones que constituyen su carrera deportiva, apoyando al deportista y localizando para él los mejores entornos de entrenamiento, sin abandonarle en los altibajos de su carrera deportiva, y convirtiéndose así en uno de los apoyos más importantes que tendrá en su vida.

Como ves por esta descripción, existen tantos tipos de entrenadores deportivos como personalidades individuales, y cada entrenador tiene sus virtudes y sus defectos. A algunos se les da mejor la preparación mental que el entrenamiento de la fuerza; otros destacan por su capacidad de lograr que sus atletas alcancen su máximo en competición. Algunos de los entrenadores más respetados en el deporte del triatlón son líderes naturales y orientadores, capacidad que se une a tener una buena formación en ciencias del deporte y en principios de entrenamiento específicos para triatlón, además de ser personas que adoran a los atletas y el deporte. Un entrenador excelente te servirá de ayuda:

1. Preparando planes de entrenamiento inteligentes y progresivos a tu medida, que te ayuden a sacar el mayor partido de tu tiempo y tu energía, y que te permitan lograr tus metas.
2. Ofreciéndote su apoyo para equilibrar tu vida y en psicología deportiva, a fin de ayudarte a sacar el máximo partido de tu potencial.

© LifeSport

3. Dándote consejos técnicos y ofreciéndote retroalimentación sobre el equipamiento, la competición y el entrenamiento que fomenta el aprendizaje.

Los entrenadores profesionales trabajan de diversas maneras, desde realizando sesiones particulares con un solo atleta hasta entrenando *online* mediante el correo electrónico, pero la mayoría de ellos tiene una página web que describe su perfil, su método de entrenamiento y las tarifas de sus programas y servicios. Como cualquier persona, cada entrenador actúa de manera ligeramente distinta, pero es posible analizar lo que puede esperarse si se busca entrenador:

5.1 PROGRAMAS *ONLINE*

Al igual que este libro contiene un programa de entrenamiento para que el lector lo siga, en Internet se encuentran a la venta muchos tipos de programas de entrenamiento. Los mejores han sido creados por un entrenador experto y/o titulado que ha diseñado un programa que cubre determinado número de meses y está encaminado hacia una determinada competición. Puedes adquirir y descargarte el programa directamente desde su página web. Después de eso, es cosa tuya resolver el problema de llevarlo a cabo, encajarlo en tu propio calendario y, lo más importante, seguirlo. Busca programas *online* diseñados por atletas de élite y/o entrenadores que tengan experiencia y titulación en este deporte. Aunque al primerizo que busca cierta estructuración le resulten atractivos por su precio, el éxito se ve limitado por factores individuales y por la falta de interacción con un entrenador experimentado. Con los programas de entrenamiento genéricos, uno se convierte básicamente en su propio entrenador, por lo que resultan más adecuados para los atletas con experiencia deportiva previa. Saber qué hacer y dónde encontrar más información cuando la necesites será una parte esencial del proceso.

5.2   CONTRATAR A UN ENTRENADOR PERSONAL

El campo del entrenamiento, tanto deportivo, como de negocios y personal, es grande y está en crecimiento. El entrenamiento deportivo, bastión que fue para atletas de élite a los que la genética les concedía el privilegio de justificar un entrenador individual, es ahora accesible para cualquier persona que busque a un mentor que les ayude a lograr sus metas personales. El deporte del triatlón es perfectamente susceptible de entrenamiento, debido a la complejidad de tener que acometerlo en tres disciplinas deportivas y a la difícil gestión del tiempo que supone. El típico triatleta se inicia en este deporte con más de 30 ó 40 años y tiene que hacer juegos malabares con su carrera laboral, la familia y su tiempo personal. Ya desde la primera competición no quieren equivocarse, y desean hacer bien las cosas. La comprensión de la importancia de la orientación y el liderazgo ha ayudado a generar la necesidad de entrenamiento de alto nivel en triatlón accesible a cualquier persona.

© LifeSport

Por una cuota mensual, el entrenador te diseñará un programa de entrenamiento personalizado, te lo entregará oportunamente y existirá un método para interactuar con él de manera continua, ya sea mediante un blog *online*, correo electrónico o llamadas telefónicas. Los beneficios de este tipo de situación de entrenamiento son que consigues un programa hecho a la medida de tu vida y tus necesidades (especialmente útil si eres una persona muy ocupada con un trabajo a tiempo completo y compromisos familiares), y la oportunidad de plantear dudas. Poder hacer preguntas y recibir sus impresiones es una de las mejores maneras de aprender en el deporte, ya seas un triatleta primerizo o alguien que quiere mejorar su nivel deportivo. A menudo estos servicios están escalonados y las tarifas varían en consecuencia, dependiendo de las necesidades de servicios que tenga la persona: la frecuencia y tipo de interrelación con el entrenador suelen dictar el coste del programa. Muchos programas de entrenamiento deportivo también pueden incluir consejos y opiniones sobre frecuencia cardíaca o de potencia sobre la bicicleta, análisis e indicaciones sobre nutrición, psicología deportiva y establecimiento de objetivos. Para la mayoría, ésta es la forma más realista de contratar a un entrenador. Es más económica que con alguien que te entrene individualmente en todas tus sesiones (como a los atletas profesionales) y te permite racionalizar tu entrenamiento para sacar el mayor partido posible de cada sesión.

Trabajar con un entrenador puede también ofrecerte oportunidades de trabajar con él en *clinics* y en campamentos de entrenamiento. En LifeSport ofrecemos varios campamentos y *clinics* de triatlón cada año, a los que pueden acudir los atletas para disfrutar de un animado entorno grupal de entrenamiento, recibir retroalimentación y análisis personalizados, y tener la oportunidad de elevar su nivel deportivo.

Al buscar un entrenador personal que te sirva de guía para mejorar tu nivel en triatlón, es útil saber lo que te gustaría de él, y el tipo de interacción que quieres tener con esa persona. Fundamentalmente, debes entrevistar a los posibles entrenadores: no sólo vas a pagar a esa persona por hacerte ese trabajo, sino que quieres disfrutar de una buena relación con ella que haga tu entrenamiento divertido y, a la vez, productivo. Las relaciones con el entrenador son, por su propia naturaleza, personales y saber que tu trato con esa persona mejorará con el paso del tiempo a medida que os vayáis conociendo es algo que también conviene tener presente.

Comprueba sus credenciales como entrenadores (¿están titulados u homologados por su Federación?), así como su historial y experiencia deportivos. A los entrenadores que tienen un largo historial en triatlón, ya sea como entrenadores o competidores, se les da bien localizar problemas y reconocer oportunidades para el éxito. Verifica la trayectoria de los entrenadores, así como sus referencias, y compara varios programas para averiguar qué tipo de servicio crees que requieres.

Lucy reflexiona:

Entrenar no es peccata minuta, sino parte esencial de ser atleta. En mi carrera de 20 años, siempre me ha entrenado alguien, a veces yo sola a mí misma. He aprendido algo de todos mis entrenadores. Puedo decir sinceramente que sin Lance Watson no habría logrado las cosas que he hecho en el momento culminante de mi carrera en los diez últimos años, y probablemente no había logrado ninguna medalla en dos Campeonatos del Mundo. Lance me ha ayudado a encontrar la dirección en el deporte, elegir objetivos lógicos y perfeccionar mis capacidades mentales positivas. También ha diseñado todos los principales planes de entrenamiento que me han conducido a ser capaz de competir con éxito y al máximo de mi potencial en tantas pruebas importantes y campeonatos.

Para mí, el entrenamiento es uno de los componentes más importantes de ser atleta. Lo que actualmente define al entrenamiento en triatlón es que, a través de Internet, todos los atletas pueden tener acceso a algún nivel de entrenamiento, a diferencia del antiguo modelo, en el que sólo los atletas de élite merecían, o podían permitirse, o tenían acceso al tipo de entrenamiento requerido para desarrollarse y competir al máximo nivel.

5.3 CLUBES

Si estás en triatlón por la interacción social y por el animado ambiente de andar por ahí con personas de ideas afines, la opción de un club podría ser lo que te conviene. Los clubes no sólo ofrecen a los triatletas sitios para entrenar, sesiones establecidas y, tal vez, entrenamiento, sino que forman parte de tu red social. Algunas ciudades tienen innumerables clubes que actualmente ofrecen programas de entrenamiento y apoyo *online* a los muchos triatletas que se han apuntado a este deporte. Para los principiantes, un club de triatlón es como un recurso para pasear/charlar sobre los pormenores de este deporte. Los clubes a menudo disponen de información privilegiada sobre equipamiento usado y también pueden ser una excelente manera de encontrar tu primer traje de neopreno o tu primera bicicleta. Muchos clubes ahora contratan a un entrenador profesional para diseñar e implementar sus programas de entrenamiento, y aunque cada triatleta pueda estar haciendo más o menos volumen que el programa del club, el entrenamiento propuesto es coherente, progresivo y diseñado específicamente para preparar a los atletas para la competición. Elegir a qué club apuntarse es mera cuestión de preferencias personales, pero preguntar por ahí y conseguir información sobre las características que tiene el entrenamiento semanal, quién entrena y si el club está más orientado al rendimiento o a lo puramente social, es un buen punto por el que empezar.

CAPÍTULO 6
Prepararse para la prueba

Una competición puede ser un test de tu forma física y de tu preparación y también un festival para celebrar los esfuerzos de muchas personas de gran entrega y dedicación. Competir es un nivel más emocionante que un día de entrenamiento y te ofrece la oportunidad de sumergirte en tu deporte durante un determinado período de tiempo. Competir bien, como realizar exámenes escritos, es una situación intensa que requiere una fuerte concentración, voluntad de hierro, confianza incondicional en tu propia capacidad y es una oportunidad para mejorar las perspectivas sobre nuestra vida y lo que esperamos de nosotros mismos. Competir suele infundir en los atletas una intensa sensación de bienestar, al alcanzar objetivos y superar las molestias y las creencias derrotistas. Hay una razón por la que las competiciones son tan populares y las inscripciones se cubren tan rápido: da la impresión de que las personas no sólo quieren entrenar, sino ver de qué pasta están hechas, y el ambiente de la competición les ofrece exactamente esa oportunidad.

6.1   LA DISMINUCIÓN GRADUAL

Has seguido el programa de entrenamiento, te has inscrito, has conseguido el material y ahora estás listo para competir. El día de la prueba empieza aproximadamente una semana antes. Esos últimos 5-7 días suelen llamarse período de disminución gradual, puesta a punto o *tapering,* en el que reduces el volumen e intensidad del entrenamiento a fin de descansar y preparar al organismo para un gran esfuerzo.

Aunque he descrito una semana de disminución gradual en el programa de entrenamiento, he aquí algunos puntos más que considerar:

- El entrenamiento durante la disminución gradual es específico y está pensado para activar el rango de movimientos para el día de la prueba. Realiza cortos períodos de trabajo a ritmo de competición.
- Puedes tomarte algún que otro día libre durante la disminución gradual, pero no lo dejes del todo o puede que te sientas oxidado o pesado el día de la prueba.
- Dedica tiempo extra durante la semana a verificar el equipo, llevar la bici al taller para una revisión y realizar estiramientos.
- Si te sientes inquieto durante la disminución gradual, es normal. Evita introducir una carrera más: has de saber que el reposo te está haciendo un favor para el día de la competición. Una consigna habitual es que, en los días anteriores a una prueba, no es posible ponerse más en forma, pero sí cansarse más.
- Sigue comiendo bien, nutritivamente, e hidratándote.

6.2   ¡LA EMOCIÓN IN SITU!

Si existe una oportunidad de recoger tu inscripción y tu paquete en el recinto de la prueba un día o dos antes de la misma, debes hacerlo. Sirve de gran ayuda ver el entorno antes de la competición. En muchas pruebas se celebra una reunión técnica el día previo y a los triatletas primerizos la charla informativa les parece muy útil. Cuando puedas observar el recinto de la prueba, el área de transición, el recorrido de natación e incluso el de ciclismo y carrera a pie, te sentirás más preparado que apareciendo a ciegas a las 6 de la mañana el día de la prueba. He aquí lo que tienes que hacer previamente en el recinto de la competición:

- Echa una ojeada al área de transición, en la que los soportes de las bicicletas guardan relación con la salida del segmento de natación y las salidas para los segmentos de ciclismo y carrera a pie. Toma nota de las direcciones para entrar y salir del área de transición. Fíjate en la zona de montaje.
- Dirígete a la salida de natación y observa el recorrido, tomando nota de los puntos de referencia que podrías emplear el día de la prueba. Si está permitido meterse en el agua, será una oportunidad excelente de practicar el avistamiento para la prueba.

- Si puedes, realiza en bicicleta el recorrido ciclista, observando las cuestas, las curvas, las características técnicas. Pon especial interés en los sentidos del recorrido; es responsabilidad tuya (no de los voluntarios) ir en la dirección correcta el día de la prueba.
- Realiza en bici o corriendo el recorrido de la carrera a pie, prestando atención a las mismas cosas que antes.
- Toma nota de dónde se encuentra la mitad del recorrido, y el kilómetro anterior a la meta. Conocer estos indicadores puede resultar increíblemente motivador el día de la prueba.
- Tómate un momento para visualizarte mentalmente en ese entorno el día de la prueba; imagínate fuerte, tranquilo y feliz. Éste es tu gran momento; ite conviene disfrutarlo!

Los atletas que ven los recorridos con antelación cuentan que se sienten más preparados para competir bien y menos ansiosos la mañana de la prueba. Saber lo que te espera ayuda a crear un plan más concreto sobre el aspecto que va a tener el día de la competición.

6.3 CONSEJOS PARA EL DÍA DE LA PRUEBA

La mañana de la prueba es probable que te despiertes nervioso, e ilusionado. Controla los nervios. Si estás demasiado nervioso, la tensión puede jugarte una mala pasada, así que esfuérzate por encontrar formas de relajarte. Recordarte a ti mismo que estás preparado y que te mereces formar parte de este nuevo deporte tan fantástico suele bastar para ponerlo todo en perspectiva. Acuérdate de que esto es algo que haces para divertirte, pero no es una importante competición internacional, en absoluto. Unos pocos nervios, aunque molesten a algunos atletas, significan que te preocupa la prueba que se avecina así como tu rendimiento. Hasta los profesionales experimentados se ponen nerviosos la mañana de la prueba y tienen que trabajar con estrategias para mantener esa energía positiva y que no derive en algo que les haga rendir menos.

La mañana de la prueba lo principal es tener un plan y atenerte a lo que siempre haces. Come los alimentos a los que estés acostumbrado y haz el calentamiento habitual, lleva ropa o el traje de competición que hayas probado en entrenamiento. En otras palabras: ino cambies nada de lo normal!

- Aliméntate. Aproximadamente dos horas antes de la competición, haz un desayuno bajo en grasa y en fibra que ya hayas probado en las sesiones de entrenamiento. Opta por unos hidratos de carbono de calidad que te proporcionen una liberación entre lenta y moderada de glucosa, como puedan ser los tan pasados de moda copos de avena, cereales que no sean demasiado ricos en fibra y yogur descremado. Las tostadas o *bagels* con mermelada son uno de los favoritos de probada eficacia. No dejes tampoco de tomar entre 50 y 70 cl de líquido de una a dos horas antes de hacer ejercicio, para evitar la deshidratación y ayudar a la digestión.

- Llega temprano. Planifícate para llegar al recinto de la prueba entre 60 y 90 minutos antes de la salida. En ese tiempo se prevé tiempo para el tráfico, el aparcamiento y la inscripción, y podrás encontrar un sitio en la zona cero, instalar tu bicicleta y equipo para la carrera a pie, y memorizar el sentido de entrada y salida del área de transición. Esto también incluye encontrar los servicios y cambiarte.

- Calienta. Recomiendo hacer un breve calentamiento corriendo, especialmente si es una mañana fría y el agua también lo está. El calentamiento corriendo es una excelente manera de aumentar ligeramente la frecuencia cardíaca y la temperatura muscular, y tiene el beneficio de activar los músculos de las piernas que emplearás en los segmentos de ciclismo y de carrera a pie. (Correr también parece favorecer una evacuación intestinal y de la vejiga en el último minuto; ¡algo siempre de agradecer!).

- Practica 10 minutos de trote suave unos 30 a 40 minutos antes de la salida de la prueba y síguelo con estiramientos suaves y poniéndote el traje de neopreno (si es necesario). Unos 15 minutos antes de la salida, tírate al agua y nada un poco, suavemente, concentrándote en relajarte y practicar el avistamiento hasta la primera boya.

- De vuelta en la playa, localiza visualmente las boyas del recorrido lo mejor posible mientras respiras y te relajas. Observa la primera boya y visualízate mentalmente nadando el primer tramo y el recorrido. Visualiza la salida y la sensación que va a producir. Si empiezas a ponerte nervioso, ¡respira! Respira y mantente relajado.

- Durante los últimos momentos antes de la salida, no dejes de respirar profundamente, relajar el tren superior y ensayar mentalmente la salida del segmento de natación. Estás preparado y tienes confianza en tu capacidad para competir.

- Controla el ritmo y pásatelo bien. Los atletas que controlan sus pensamientos y su tiempo son los que se sienten más triunfantes al final. Siéntete alegre y orgulloso de ti mismo mientras estés compitiendo, notando la potencia que sientes al nadar, montar en bicicleta y correr. Céntrate sólo en aspectos positivos relacionados con tu ritmo, tu esfuerzo ¡y en cómo estás "jugando el partido"!

6.4   PREPARACIÓN DE LAS TRANSICIONES

Aunque hayas practicado la transición en casa, con la bici tranquilamente apoyada, y en la comodidad de tu propio entorno, hay unos cuantos detalles más a los que prestar atención para las transiciones del día de la prueba.

- Sólo dispones de un pequeño lugar para tus cosas. Lleva a la transición únicamente lo que necesites para competir. El casco puede estar dado la vuelta sobre el manillar con las gafas de sol colgadas en su interior, listas para ponértelas en la cara.

- Las zapatillas de ciclismo están en el suelo delante de la bicicleta (o para atletas algo más avezados, ya en los pedales), el portadorsal se halla junto a las zapatillas, donde también están las de correr, al igual que una gorra para la carrera a pie.
- Puedes dejar una toalla pequeña de vivos colores en el suelo delante de la bicicleta, que te servirá tanto para secarte los pies como para señalar el espacio que te hayan asignado en el área de transición.
- Mete en la bici un desarrollo medio, ya que saldrás lo más rápido posible.

RÁPIDA OJEADA A LAS NORMAS DE LAS TRANSICIONES

- Después del segmento de ciclismo, tienes que volver a dejar la bicicleta en la ubicación que tengas asignada. (La norma oficial dice: "Las bicicletas se deben dejar en el área de transición solo en la ubicación asignada y en posición vertical; no estando permitido, por ejemplo, colgarlas de lado sólo por una de las partes del manillar.")
- No puedes interferir con nadie ni con su equipo. (La norma oficial dice: "Los atletas no pueden detenerse ni impedir el progreso de otros atletas en el área de transición.")
- Tienes que abrocharte el casco antes de tocar la bicicleta, y después del segmento de ciclismo debes colocar la bicicleta antes de desabrocharte la hebilla del casco. (La norma oficial dice: "Todos los atletas deben tener su casco abrochado desde el momento que retiran la bicicleta del área de transición para iniciar el segmento de ciclismo, hasta que dejan la bicicleta en su espacio asignado en el área de transición, una vez finalizado dicho segmento.")
- No puedes subirte a la bicicleta hasta la línea de montaje situada en la entrada de la transición, ni bajarte de ella hasta la línea de montaje. (La norma oficial dice: "Los atletas deben montar en la bicicleta después de la línea de montaje, y desmontar antes de la línea de desmontaje.")

PERFIL DE UNA TRANSICIÓN EXCELENTE (T1):

- El atleta sale del agua e inmediatamente se sube las gafas a la parte alta de la cabeza. Con las manos libres, empieza a bajar la cremallera del traje de neopreno y a quitárselo del tronco.
- Entra corriendo en el área de transición, se quita el traje de neopreno lo más rápido posible y lo tira en una pila "ordenada" debajo o junto a la bicicleta.
- Se quita las gafas y el gorro y los tira encima del traje de neopreno, mientras se abrocha el casco y se coloca las gafas de sol. Se pone las zapatillas de ciclismo y la cinta con el dorsal y agarra la bici mientras empieza a salir corriendo del área de transición con ella.

- Monta en la bicicleta después de la línea de montaje y coge el ritmo lo antes posible mientras se mantiene en línea recta.

PERFIL DE UNA TRANSICIÓN EXCELENTE (T2):
- El atleta supera la línea de montaje y se baja de la bicicleta antes de la línea de desmontaje.
- Entra corriendo a pie en el área de transición con la bicicleta y se dirige al espacio asignado para dejarla debidamente.
- Se quita el casco y las zapatillas de ciclismo y se pone las de correr.
- Coge la gorra y se la pone mientras sale corriendo del área de transición.

AHORRA ALGO DE TIEMPO:
- Ponerse vaselina en los pies y los tobillos y las muñecas puede ayudar a quitarse el traje de neopreno.
- Los cordones elásticos facilitan la acción de ponerse y quitarse las zapatillas. Es increíble lo difícil que es atarse los cordones cuando se va con prisa.
- Elige zapatillas de ciclismo con una sola tira grande de velcro, que es fácil de tensar.
- Utiliza una cinta elástica para el dorsal. Basta con abrochársela con una tanca en la cintura después del segmento de natación o del de ciclismo.

6.5 CÓMO SER UN CORREDOR EXCELENTE

A competir se aprende: la experiencia será tu mejor profesora. El mejor punto para empezar es asegurarse de competir por buenos motivos. Aunque cualquier competición siempre tenga un solo vencedor, cualquiera que acabe la prueba lo es, si ha competido por las razones adecuadas. Algunas personas lo hacen porque son sumamente competitivas y les gusta ponerse a prueba enfrentándose a sus iguales e incluso a los profesionales. Para ellos competir no es más que rendir, y es eso lo que les impulsa. Para otras personas, es una forma de poner a prueba su entrenamiento y a sí mismos, o una manera de aprender a vencer las dudas que tienen sobre su propia capacidad. Sea cual sea la razón por la que estás compitiendo, no dejes de recordártela a ti mismo el día de la prueba. Competir bien es una combinación de entrenamiento, determinación personal y consciencia del entorno, incluyendo las personas que te rodean.

El día de la prueba puedes emplear las cuestas y las curvas para ser un atleta excelente. Trata de rendir como nunca en las subidas y las bajadas y proponte ser muy bueno técnicamente en las curvas o al pasar por terreno desigual. Si llueve o hace viento, no dejes que ello te venza o te haga bajar el ritmo. Todos los competidores tienen que rendir en las mismas circunstancias, así que opta por centrarte y tranquilizarte.

Piensa en tus competidores como amigos, no enemigos; gente que está allí para ayudar en la prueba: sin ellos no habría ni competición, ni diversión.

Y sobre todo, no te lo tomes demasiado en serio. El mejor rendimiento lo da la gente que enfoca el deporte con una actitud lúdica y han decidido que, pase lo que pase, ivan a divertirse!

6.6   LA VISUALIZACIÓN MENTAL

"Si eres capaz de imaginarlo, puedes lograrlo. Si eres capaz de soñarlo, puedes llegar a serlo".
William Arthur Ward

Antes de las Olimpiadas de verano de 1976, la Unión Soviética fotografió las instalaciones de Montreal, las estudió y sus deportistas se imaginaron a sí mismos compitiendo en ellas. Así que, cuando llegaron, tenían la sensación de haber estado allí antes. Mark Tewksbury fue a Barcelona y estuvo en el Centro Acuático y en el Estadio Olímpico antes de ganar el oro en 1992. Con anterioridad a que Simon Whitfield ganase la primera medalla de oro en triatlón de la historia en el año 2000, se entrenó en el recorrido con su preparador Lance Watson. Hizo horas de entrenamiento para ensayar la manera exacta en que Simon ganaría la medalla. Mientras participaba en campamentos de entrenamiento en Sidney, una de sus sesiones consistía en hacer series interválicas de 400 m esprintando al máximo, porque sabía que la prueba se decidiría en los últimos metros.

Cuando Simon estaba corriendo la recta final para entrar en primer puesto y ganar el oro, ya lo había hecho mil veces en su imaginación. De hecho, Simon recuerda que también visualizaba mentalmente cómo iba a romper la cinta y cómo caería ésta al suelo en el momento de la victoria.

Una de las herramientas más poderosas que un atleta puede usar es la de la imaginación. Ensayo mental, imaginación, visualización mental o, simplemente, visualización son términos que describen el ejercicio de crear la imagen de una experiencia en tu propia mente. Si alguna vez te has sorprendido a ti mismo soñando despierto acerca de un estupendo acontecimiento que se avecina, o que algo grande te sucede, existe la posibilidad de que tu frecuencia cardíaca se eleve y te sientas excitado y casi como si estuviera ocurriendo. Es posible recrear acontecimientos en la mente y somatizarlos, aunque no estén sucediendo en realidad.

En el mundo del alto rendimiento, la capacidad de imaginar que suceden grandes cosas, de imaginarse uno mismo rindiendo bien en determinada situación, suele ser lo que decida el resultado de la jornada. Para personas que tienen problemas de autoeficacia, emplear la visualización suele provocar impresionantes cambios.

Ser capaz de imaginar exactamente lo que se quiere que suceda el día de la prueba aumenta las probabilidades de que esos acontecimientos ocurran. La clave de la visualización es ser capaz de ver con claridad lo que se quiere que pase y la situación en la que tendrá lugar. Una de las razones por las que es tan bueno ver con antelación el recorrido de una prueba es que, al visualizar tu éxito allí, ¡puedes verte de verdad exactamente allí, en el recorrido!

Entre las visualizaciones más empleadas, se encuentran las pensadas para trabajar tu máximo rendimiento o tu mejor estado emocional, como en el caso de las Olimpiadas antes descritas. La otra es emplear la visualización para convertir hábitos negativos en buenos hábitos y crear una actitud mental positiva.

Cuando vayas a visualizar mentalmente tu máximo rendimiento, tienes que ser muy claro sobre tus objetivos y lo que quieres conseguir exactamente. No puedes simplemente saltar al final, al momento en que atravieses la meta; necesitas verte a ti mismo desarrollando los objetivos a cada paso del recorrido, incluyendo el entorno, la gente que habrá e incluso los sonidos y olores durante la prueba. Cuantos más detalles puedas añadir, más real será la imagen, y más efectiva esta técnica como herramienta. Si estás visualizando una larga competición, puede que tengas que descomponerla en partes y hacer un poco cada vez, ya que lo que te conviene es verte compitiendo en "tiempo real", no en "avance rápido" (como en los vídeos).

Otro uso de la visualización es reenfocar durante una competición o sesión de entrenamiento que no va como esperabas. Si generalmente tienes vívidas imágenes de ti mismo rindiendo bien, técnicamente perfecto y pensando positivamente, puedes poner en juego esas imágenes los días en que te sientas fatigado o pesado en el calentamiento, o simplemente no en óptimas condiciones. En vez de dejarte arrastrar a un estado emocional negativo, puedes emplear la visualización mental para animarte. Si te ves como un gran atleta, como una persona que responde positivamente a la adversidad, serás capaz de completar la prueba o la sesión y lograr un éxito aún mayor.

La visualización es una herramienta poderosa, que debes practicar tan pronto como empieces a entrenar. El máximo rendimiento en el deporte comienza en el entrenamiento, en la habilidad de los atletas para imaginar su propia grandeza y éxito, y al trabajar para conseguirlo cada día.

© fotolia

CAPÍTULO 7
Ajustar el programa

7.1   FUNDAMENTOS DE NUTRICIÓN DEPORTIVA

¿Qué tengo que comer antes de las sesiones de entrenamiento? ¿Cuándo debo hacerlo? ¿Debo beber durante los entrenamientos? ¿Tengo que cambiar la dieta antes de empezar mi primera prueba? ¿Te sienta mal la cerveza? Si el campo del entrenamiento está floreciendo, el mundo de la nutrición, y en especial la deportiva, se ha disparado durante los veinte últimos años, al practicar cada vez más gente deportes de resistencia, e Internet ha sido capaz de distribuir la información que antes sólo se encontraba en las polvorientas revistas científicas de las bibliotecas universitarias. La información que los atletas de élite del mundo han utilizado para mejorar y mantener la forma física y la salud está a disposición de cualquiera con un buscador de Internet.

Con el creciente *boom* del *fitness* y nuestras actuales preocupaciones por la salud y la longevidad, también ha habido un incremento en las cantidades y tipos de dietas especiales existentes, dietas que están pensadas para aumentar la energía, la potencia y la resistencia. Aunque no disponga de suficiente espacio para criticar y repasar todos los temas actuales implicados en la relación entre deporte y nutrición saludable, trataré sobre algunos de los fundamentos, ya que afectan a tu iniciación en triatlón y a cómo enfocar mejor el programa de entrenamiento de este libro.

7.2　COMER PARA SENTIRSE BIEN

La metáfora más antigua y de más sentido común en este libro sigue siendo la idea de contemplar tu cuerpo como si fuera una máquina puesta a punto parecida a un coche deportivo. El tipo de combustible que emplees guarda relación directa con lo bien que funcione el motor. Considerando la comida como combustible, la idea es que te conviene elegir alimentos que nutran y sirvan de apoyo a tu organismo y el entrenamiento que deseas hacer. Lo contrario es entrenarte para comer, que es también lo que impulsa a muchas personas: les encanta comer, los buenos platos y los dulces, y entrenar es una manera de controlar su peso y su salud. Prefiero la versión de comer para vivir/entrenar, ya que hace recaer sobre el individuo la responsabilidad de realizar elecciones saludables y bien fundadas sobre lo que está metiendo en su cuerpo, sin caer en la obsesión. Con el tiempo, el énfasis en las buenas elecciones conduce a sensaciones globales de bienestar en el entrenamiento y fuera de él, y los hábitos se fijan para siempre. Las buenas opciones proporcionan al cuerpo vitaminas y minerales esenciales, y un equilibrio adecuado de grasas, proteínas e hidratos de carbono necesarios para la vitalidad y la salud.

HIDRATOS DE CARBONO, PROTEÍNAS Y GRASAS

Los tres componentes básicos de la comida que proporcionan energía al cuerpo son los hidratos de carbono (o carbohidratos), las proteínas y las grasas (o lípidos). Los hidratos de carbono son lo que emplea el organismo de manera más inmediata para obtener energía. Una vez ingeridos, los hidratos de carbono se convierten en azúcares. Los que no se necesitan de inmediato se almacenan en los músculos como glucógeno y se emplean como combustible. Cuando los depósitos de glucógeno se llenan, el cuerpo convierte el exceso en grasa. Debido a que los hidratos de carbono se almacenan en el cuerpo, se convierten fácilmente y pueden rellenarse con rapidez, las personas activas necesitan un suministro adecuado para realizar ejercicio. Ejemplos de hidratos de carbono son el pan, la fruta, la pasta o las galletas, tanto dulces como saladas. Las barritas energéticas deportivas, como puedan ser las PowerBar®, tienen un alto porcentaje de hidratos de carbono para que los atletas puedan colmar sus depósitos de glucógeno antes de hacer ejercicio, o complementarlos si se está haciendo ejercicio durante un largo período de tiempo. Cuando te quedas sin glucógeno en los músculos, el organismo tiene que empezar a convertir la grasa en energía: este proceso es mucho más lento, por lo que tu nivel de actividad se reducirá considerablemente. Este problema, conocido como "romper el muro", o "*bonking*", se presenta en general en pruebas de larga distancia en las que, para mantener un ritmo alto de ejercicio, es necesario reponer los hidratos de carbono quemados.

A las proteínas se les llama a menudo el componente básico del organismo por su papel en la generación de músculo, cabello, huesos, piel y otros tejidos. Aunque los atletas no empleen un alto porcentaje de ellas para la energía necesaria en el ejercicio, las proteínas son importantes para las personas activas, ya que ayudan a reparar los daños a los tejidos sufridos durante las sesiones intensas. También tienen un papel en la conversión de los hidratos de carbono en glucógeno. Para adaptarse al entrenamiento, el organismo está constantemente reparando y reconstruyendo: los aminoácidos de las proteínas son los "obreros" de este proceso. Las personas activas necesitan al día aproximadamente 1-1,5 gramos de proteínas por kilogramo de peso corporal.

Las grasas, aunque se les eche la culpa de muchos problemas de salud de nuestra sociedad, siguen siendo una importante fuente de energía para el organismo y ayudan en la conversión de los hidratos de carbono en glucógeno. La grasa sirve para proteger y aislar nuestros órganos internos, ayudar al sistema nervioso y en el transporte de algunas vitaminas por todo el cuerpo, y es la mayor fuente de energía almacenada que tenemos. Las grasas son una fuente lenta de conversión en energía que se emplea principalmente cuando el ritmo de ejercicio es bajo, como caminar o practicar el excursionismo, o cuando se corre un ultramaratón. El cuerpo tarda unas seis horas en convertir la grasa en energía, lo cual hace de ella una mala opción energética justo antes o durante la mayoría de las pruebas de triatlón. La mayor parte de las personas, incluso las delgadas, tienen suficientes grasas almacenadas para completar un maratón, así que la principal preocupación con este nutriente es ingerir las más convenientes para la salud.

Grasas saturadas: estas grasas, que provienen principalmente de fuentes animales, son sólidas a temperatura ambiente e incluyen la mantequilla, el queso y la grasa de la leche, las yemas de huevo y la carne. El consumo excesivo de grasas saturadas se ha demostrado que es un factor determinante en las enfermedades del corazón, la obesidad y otros problemas de salud.

Las **grasas insaturadas** se encuentran principalmente en fuentes vegetales tales como los frutos secos, las aceitunas, los aguacates y el pescado. Estos tipos de grasa parecen tener un beneficio más protector para la salud **y no se asocian con las cardiopatías, por lo que deben elegirse con mayor frecuencia.**

Grasas trans: son las llamadas grasas "artificiales", en las que las grasas líquidas han sido convertidas en sólidas con el propósito de producir alimentos comerciales. La mayoría de las grasas trans se indican actualmente en las etiquetas, porque, aunque provengan de fuentes vegetales (como el aceite de palma), se han solidificado y se relacionan con los mismos motivos de preocupación para la salud que las grasas saturadas.

Buenas opciones: Existen muchos recursos para la nutrición y la elección de alimentos, pero los nutricionistas recomiendan optar por alimentos integrales en la medida de lo posible. Frutas y verduras frescas, arroz, pastas y pan integrales, huevos, carne magra no procesada, como los filetes de vacuno, la pechuga de pollo, el cerdo y el pavo. La regla a seguir es optar por alimentos lo más cercanos posible a su estado natural. Un plato de pollo que fue preparado hace tres meses y congelado en una fábrica será menos rico nutricionalmente que una pechuga de pollo reciente a la parrilla, con brécol fresco al vapor y arroz integral. Un *bagel* con mantequilla de almendra y plátano es una opción mejor que una galleta, un *muffin* o una barrita de granola industriales. Elige opciones descremadas de los alimentos, y reduce al mínimo las grasas.

Opciones convenientes:
- Fruta fresca en vez de zumo, pero zumo recién hecho antes que una bebida edulcorada.
- Verduras de un vistoso color verde oscuro una vez al día.
- Leche descremada o con un 1% de grasa en vez de homogeneizada.
- Come verduras que estén preparadas sin grasa añadida, como patatas hervidas o al horno en vez de fritas.
- Elige alimentos integrales o los que no estén hechos con mucha azúcar y grasa añadidas.
- Elige carne magra y prepárala sin añadir mucha grasa.
- Elige con frecuencia alternativas a la carne, incluyendo pescado, legumbres y tofu.
- Opta por el embutido de pavo y pollo con mayor frecuencia que el de cerdo y los fiambres en general.

Raciones: el otro aspecto de la nutrición son las raciones: algo con lo que la sociedad norteamericana ha tenido serios problemas durante los últimos veinte años. El aumento y popularidad de la comida rápida, la política de descuentos y el consumo masivo han hecho que, en todo, incluida la comida, lo mejor parezca lo mayor. La mayoría de la gente come raciones demasiado grandes para la cantidad de energía que gastan al día, incluso las personas activas, sencillamente porque es a lo que están acostumbradas. Debido al énfasis en las cantidades de comida, y terminar cuanto antes, las personas han olvidado cómo saber cuándo están llenas y dejar de comer en ese punto.

Hablando claro: sólo tienes que ingerir las calorías que quemas en un día. Si comes más de lo que empleas, ganas peso a la larga: come menos y adelgazarás paulatinamente. Una persona sana puede escuchar a su cuerpo, saber cuándo tiene hambre y comer en consecuencia, deteniéndose cuanto está llena.

Hacer ejercicio es una manera excelente de aprender a comer mejor. Después de entrenar, a menudo sentirás hambre, ya que es posible que no hayas comido hace tiempo y tu cuerpo esté buscando energía para reemplazar la que acaba de gastar. Hacer buenas elecciones y nutrir tu organismo lentamente y con alimentos de buena calidad hasta estar lleno te llevará a escuchar tus señales de hambre y a cuidarte bien. La cantidad de comida que se necesita es algo muy personal y basado en una combinación de nivel de actividad y genética, y supera el objetivo de este libro, pero existen en el mercado muchos buenos libros de calidad sobre nutrición para atletas.

Cuando comes bien, te estás predisponiendo para sentirte bien, para mejorar el rendimiento, para ayudar a tu organismo a repararse después del ejercicio y a combatir las enfermedades. Los fundamentos de comer para triatlones son tener una dieta general nutritiva, integral y acorde con la energía que gastas al día. Para más información sobre elecciones alimentarias y platos, consulta uno de los muchos libros sobre nutrición deportiva existentes.

7.3   LA ALIMENTACIÓN PARA EL ENTRENAMIENTO

Para el entrenamiento general en triatlón, existen 3 aspectos claves en nutrición: comer e hidratarse 1) *antes,* 2) *durante* y 3) *después* de las sesiones. Si tienes poco tiempo para entrenar, te conviene sacar el mayor partido posible de cada sesión. Estar nutricionalmente preparado para rendir es muy importante. Para el objetivo del programa de entrenamiento de este libro, y para pruebas más cortas, de menos de 90 minutos, la hidratación y la nutrición no son tan cruciales para el éxito como en las pruebas de resistencia más largas, donde los atletas correrán hasta el agotamiento durante el transcurso de la prueba; por lo tanto, lo que viene a continuación son buenos consejos generales que servirán al triatleta principiante de punto de partida.

Come antes de las sesiones de entrenamiento: Te conviene empezar las sesiones con energía para completarlas, pero no sentirte lleno ni tener molestias gástricas por algo que hayas comido. Trata de consumir de 60 a 100 gramos de hidratos de carbono entre 1 y 3 horas antes de la sesión (p. ej., la mitad de una barrita energética o la barrita entera y una pieza de fruta o un *bagel* con jamón y una pieza de fruta). Los alimentos que ingieras tienen que ser altos en hidratos de carbono y bajos en proteínas y grasas. Tu objetivo a la larga es encontrar los alimentos adecuados y temporizar ese trabajo para poder replicar esta nutrición el día de la prueba. El horario de las sesiones ha de tomarse en consideración. Las sesiones a primera hora de la mañana requieren sólo un desayuno temprano, tomado antes de entrenar, mientras que las sesiones al final del día implican prestar atención a la nutrición y la temporización durante toda la jornada. Si te entrenas después del trabajo (pero antes de la cena) es posible que necesites un tentempié previo al entrenamiento (combustible) aproximadamente una hora antes del mismo, especialmente si el almuerzo fue hace más de 4 horas. Temporizar tu almuerzo para que caiga 3 horas antes de la sesión de entrenamiento vespertina es una buena práctica. Te conviene no saltarte ni el desayuno ni el almuerzo si vas a hacer sesiones de entrenamiento vespertinas. El déficit calórico de las comidas saltadas te dejará sin fuerzas y débil en el entrenamiento. Durante los días de trabajo ajetreados, descuenta 1-2 horas del momento estimado en que llegarás a la sesión después del trabajo, y ten preparado un refrigerio: una PowerBar® Sport, un plátano o un sándwich pequeño con mantequilla de cacahuete y miel.

Hidrátate antes de las sesiones de entrenamiento: Está demostrado que la deshidratación afecta negativamente al rendimiento. Incluso una pérdida de un 1% de peso corporal debida a deshidratación te ralentizará, así que ¡hazte amigo de la botella de agua! Dar pequeños sorbos mantendrá altos tus niveles de hidratación, pero las bebidas deportivas, e incluso los zumos, contienen electrolitos que son más efectivos para hidratar tu organismo. Una o dos horas antes de la sesión de entrenamiento, asegúrate de haber bebido unos 500 ml de líquido. Beber demasiado excesivamente cerca de la sesión no concede a tu organismo el tiempo suficiente para absorber el líquido, que, o bien se agitará ruidosamente en su estómago, o bien provocará calambres y una sensación de estar lleno, o te planteará dificultades al tener que parar para ir al baño con frecuencia.

Repostar e hidratarse durante las sesiones: Para sesiones de menos de sesenta minutos, la mayoría de los atletas sólo necesitan dar pequeños sorbos de agua, especialmente si es un día caluroso. El organismo debería tener suficiente glucógeno para cubrir las demandas de energía de hasta noventa minutos. Para actividades de más de noventa minutos, los atletas necesitarán consumir unas 200-300 calorías por hora a fin de disponer de un nivel óptimo de energía para completar la sesión con éxito. Un gel deportivo como los de PowerBar® tiene un concentrado fácil de usar de 110 calorías y una mezcla de hidratos de carbono y electrolitos científicamente formulado para deportes de resistencia. Se recomienda un gel cada 30 minutos de ejercicio, ingerido con 25-35 cl de agua, y está demostrado que es beneficioso para el rendimiento deportivo. Actualmente existen muchos geles en el mercado, con diversos sabores. Dedica algo de tiempo a encontrar el que mejor te funcione y más te guste. Bebe 25 cl de agua o de una bebida electrolítica cada 15 minutos durante el tiempo de la sesión.

Cada persona tiene un índice de transpiración distinto, y existen dos métodos básicos de ver si estás tomando suficiente líquido:

1. El test de orina: si tu orina es apenas amarilla, estás bien hidratado; si es de un amarillo oscuro, no lo estás suficientemente.

2. Pésate antes y después del ejercicio. La pérdida de peso equivale a la cantidad de agua perdida. Cada medio kilogramo de peso perdido hay que reemplazarlo con 60 cl de agua.

7.4 EL TRANSPORTE DE LÍQUIDOS Y GELES

En la piscina, puedes poner la botella al final de la calle y dar un sorbo cada 10 minutos o así, entre largos. Especialmente si estás haciendo otra sesión en la jornada, mantenerte hidratado durante la natación es importante. Sí, ¡en la piscina se suda!

La mayoría de bicicletas vienen con portabidones sujetos al bastidor. Debes poder guardar al menos un bidón en el bastidor, pero es preferible que sean dos. Aprender a coger el bidón y beber mientras estás en movimiento es una habilidad que tienes que practicar. Actualmente existen sistemas para beber hechos expresamente para triatlón que consisten en un bidón frontal o montado en un acople que tiene una cánula que sale de la zona del manillar para beber, eliminando la necesidad de alargar la mano para coger el bidón.

Correr presenta sus propios problemas, ya que llevar una botella en las manos es incómodo y te hace perder el equilibrio natural. Ahora existen excelentes bandoleras para llevar las botellas, con cómodas pretinas anchas que contienen varias botellas pequeñas. Para largos recorridos de más de noventa minutos recomiendo llevar contigo agua y geles, ya que aumentará el disfrute y el rendimiento de la sesión.

Muchos de los pantalones cortos y monos de triatlón presentan pequeños bolsillos incorporados, perfectos para llevar uno o dos geles.

7.5 LA ALIMENTACIÓN DESPUÉS DEL ENTRENAMIENTO

Planifica y trata de ingerir una pequeña cantidad de comida antes de transcurridos quince minutos una vez terminada la sesión de entrenamiento o la prueba. El alimento que ingieras debe ser rico en hidratos de carbono y tener una cantidad similar al número de gramos que deberías haber consumido antes de la sesión. Los alimentos ricos en hidratos de carbono repondrán el glucógeno que los músculos necesitan para repararse y recuperarse del estrés al que han estado sometidos durante la sesión de entrenamiento. Una pequeña cantidad de proteínas parece mejorar también el ritmo de recuperación: medio *bagel,* yogur descremado o leche chocolateada y medio plátano suelen ser una excelente opción en el *buffet* posprueba. Repostar inmediatamente después de la sesión ayuda a tu organismo a recuperarse más rápido de la sesión, para poder estar más fuerte y mejor preparado el día siguiente. Cuando sepas entrenar mejor mejorarás más rápido y estarás mejor preparado para cosechar el éxito en la prueba.

7.6   ESTIRAMIENTOS

ESTIRAMIENTOS

Para triatletas, el término *estiramiento* se refiere a la elongación de tejido, que puede ser muscular, conjuntivo (fascias) o nervioso. Los estiramientos nos ayudan a mantener nuestra flexibilidad o bien a mejorarla, y pueden realizarse de diversas maneras.

Los estiramientos son un tema sobre el que hay muchas opiniones y puntos de vista, desde la manera de estirar hasta en qué medida, pasando por si no se necesita estirar en absoluto. Los consejos de los entrenadores a este respecto van desde no hacer nunca estiramientos hasta introducir 3-4 sesiones de una hora de entrenamiento específico a la semana.

Las ciencias del deporte nos han demostrado que los músculos trabajan estirándose. Es la acción esencial de nuestra musculatura. El estiramiento y la amplitud o rango de movimiento (RDM) de cada músculo en torno a los huesos en los que se inserta (la articulación) dicta nuestra flexibilidad. Por lo tanto, nuestra flexibilidad se refiere básicamente a la medida en que nuestros músculos pueden estirarse en el rango de movimiento que posee cada músculo. Varía enormemente de una persona a otra. Incluso de niño probablemente notaras que algunos de tus amigos podían hacer el *spagat,* o el puente, y otros no; todo el mundo nota que la flexibilidad se reduce con la edad. Aumentarla es una forma de mantener el cuerpo joven y flexible, y de proporcionarle un mejor rendimiento y menos dolor.

Cada persona tiene una flexibilidad y un rango de movimiento óptimos que favorecen un cuerpo sano y libre de malestar. Los problemas por falta de flexibilidad suelen ser una sensación de tensión en los músculos y articulaciones, dolores y lesiones. Los músculos tensos no funcionan con su rango completo de movimiento, lo cual significa que la velocidad y la potencia se ven comprometidas, al igual que la eficiencia natural para el movimiento. Trabajar para mantener la singular flexibilidad de tu cuerpo te permitirá rendir mejor, recuperarte más rápido de los entrenamientos y reducir el riesgo de lesión.

REALIZAMOS ESTIRAMIENTOS PARA:

- Aumentar la flexibilidad, y devolver a los músculos su longitud previa a la sesión de entrenamiento.
- Aumentar el rendimiento.
- Mejorar la postura.
- Relajar nuestros músculos, lo cual conduce a aumentar la circulación sanguínea y acelera la recuperación.

CÓMO ESTIRAR

Los estiramientos mejorarán la flexibilidad y el rendimiento muscular, pero es muy importante no excederse, y no realizarlos con los músculos muy tensos o fríos. El sobrestiramiento es contraproducente en los deportistas, y provoca pequeños microdesgarros en el tejido muscular que pueden conducir a mayores dolores y lesiones musculares.

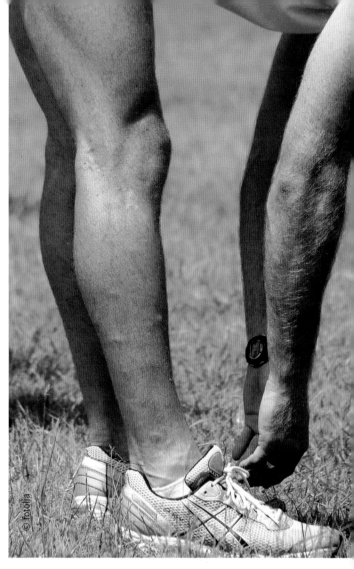

© fotolia

Algunas personas prefieren estirar antes y después de los entrenamientos, otras sólo antes, o sólo después. Generalmente es más fácil hacerlo cuando los músculos están algo calientes, tras unos diez minutos de ejercicio ligero. Los estiramientos estáticos (o mantenidos) durante cinco a diez segundos suelen ser los mejores para devolver los músculos a su estado normal y son los más habituales entre los triatletas. Los mantenidos durante más de dos minutos o en los que se invierte una hora para un grupo muscular son procedimientos que se emplean para aumentar la flexibilidad de los músculos y deben hacerse bajo la supervisión de un profesional o realizarlos sólo personas muy expertas. El riesgo de lesión es mayor en los estiramientos prolongados y la postura y la técnica son muy importantes. Las malas posturas en los estiramientos normalmente provocarán el sobrestiramiento de otro grupo muscular.

Los principales grupos musculares que han de estirarse adecuadamente en triatlón son:

Cuádriceps y Flexores de la Cadera: son músculos largos que se encuentran en los muslos y las caderas, responsables del movimiento dinámico de la carrera a pie y del pedaleo.

Glúteos, Isquiosurales y Piriforme: Los músculos de las nalgas, las caderas y la parte posterior del muslo que reaccionan al movimiento de la contracción de la musculatura de la parte anterior de la pierna. Trabajar para mejorar la flexibilidad de estas zonas puede ayudar a prevenir el dolor lumbar asociado con correr y la práctica del ciclismo.

Sóleo/Gemelos (pantorrilla): Los músculos de la porción inferior de las piernas afectan al funcionamiento de las rodillas, los pies y los tobillos, los cuales son importantes durante el impacto de la carrera y al montar en bicicleta.

Pectorales y Deltoides: Los músculos del tren superior y el torso ayudan en la elongación necesaria en la brazada de natación y la fuerte rotación para deslizarse en el agua. Debido a los requisitos posturales del estiramiento, creo que es muy beneficioso para los atletas principiantes ver un vídeo técnico o contratar a un profesional que pueda enseñarles la manera adecuada para estirar y realizar los ejercicios indicados. Podemos encontrar buenos libros y vídeos sobre fuerza y estiramientos multideportivos. Leer uno de ellos te asegurará que empieces bien el programa de estiramientos, con una buena base.

Cuándo y en qué medida debes estirar va a ser algo que aprendas a través de la práctica. La recomendación es empezar suavemente y ser prudente, estirándote un poco antes y después de los entrenamientos. A menudo, las personas muy atareadas pasan por alto estirar lo más mínimo, y salen de la sesión deprisa y corriendo con el fin de volver al trabajo. Tomarse unos momentos más para estirar los músculos tras la sesión, al igual que considerar la nutrición posterior a la recuperación, permitirá a tu organismo recuperarse más rápido y mejor de la sesión, así como una mayor predisposición para progresar.

CAPÍTULO 8
Visión general del plan de entrenamiento

A lo largo de los cuatro capítulos siguientes, encontrarás tu Plan en 16 semanas para tu Primer Triatlón. Este programa está pensado para un triatleta principiante sin experiencia previa en este deporte, y ha sido diseñado por los entrenadores de Life-Sport Lance Watson y Lucy Smith para conducirte a tu primera prueba. El énfasis se pone en una progresión de cuatro meses para desarrollar resistencia y habilidad, y poder llegar a la línea de salida con confianza en tu preparación y lo bastante en forma para completar una prueba de distancia *sprint*. Nuestro objetivo es prepararte para el éxito y hacer de ello un proceso divertido y placentero. Durante cada sesión se hará hincapié en una actitud desenfadada, incluso al trabajar intensamente.

El programa de entrenamiento es mejor llevarlo a cabo en combinación con toda la información y consejos incluidos en el resto del libro, así que no dejes de seguir las remisiones y repasar a menudo.

El Plan se compone de 4 Fases de 4 semanas cada una. Cada Fase se basa en la anterior, generándose incrementos globales de volumen e intensidad a medida que el atleta se adapta al entrenamiento. También se incluirán en el programa semanas de "recuperación" y de "descanso activo". Es importante respetar estas semanas, ya que permiten al organismo adaptarse al trabajo y ponerse más fuerte para las que siguen. La mayoría de los lunes son días de descanso y no hay entrenamiento. Esto sirve para compensar el entrenamiento más prolongado que normalmente tiene lugar los días del fin de semana. Los descansos son buenos para hacer estiramientos estáticos y para programar otras actividades alternativas que te gusten. Como con el plan de entrenamiento, es posible que tengas que hacer ajustes basados en tu propia forma física y nivel de confort. En vez de añadir o quitar sesiones o días completos, trata de regular sesiones concretas, haciendo un poco menos, o un poco más. Trata de evitar meter varios días juntos si te has saltado algunas sesiones. La carrera a pie está especialmente espaciada para mejorar todo lo posible la forma física sin arriesgarse a una lesión. Si ya eres un corredor competente, el programa de caminata/carrera tal vez te resulte demasiado fácil. Puedes sustituir los segmentos de caminata por trotes muy suaves. Si sientes que quieres hacer más, sé prudente. Casi todas las lesiones son el resultado del sobreentrenamiento: hacer demasiado, excesivamente pronto, o exageradamente rápido. ¡Incluso los profesionales continúan cometiendo estos errores al final de su carrera deportiva!

8.1   CONSEJOS CLAVES PARA EL ENTRENAMIENTO

Entrena siguiendo una progresión, aumentando paulatinamente el número de kilómetros recorridos y la intensidad. Para mejorar realmente, necesitas superar las fases adecuadas de entrenamiento, a veces durante dos o tres años.

Ten paciencia. Al organismo le lleva tiempo adaptarse a nadar cómodamente, a la fuerza requerida en ciclismo y a ponerse a correr inmediatamente después de bajar de la bicicleta. Constancia y entrega son la clave. Presta atención a las semanas suaves de entrenamiento. Permiten al cuerpo adaptarse a la sobrecarga del entrenamiento y previenen las lesiones y la fatiga.

Cuida tu "coco". Emplea la psicología deportiva para entrenar tu mente para ser positiva y estar lista para las sesiones intensas y los esfuerzos de la competición. Desarrolla una actitud de "yo puedo".

8.2 TERMINOLOGÍA Y EXPLICACIONES DEL PROGRAMA DE ENTRENAMIENTO

NATACIÓN

E = ejercicio
Cr = crol (estilo libre)
Br = braza
Es = espalda
Pp = patada

Ejercicio de "una y pausa", también conocido como "una y cambio" y "punto muerto". Da una brazada y haz una pausa de lado mientras miras el fondo de la piscina. Inicia el agarre y cambia de lado. El objetivo es fortalecer el agarre al cambiar al otro lado.

"Tres y pausa": Da tres brazadas explosivas. En la última, alárgate en la posición lateral de deslizamiento. Deslízate lo máximo posible mientras mantienes un buen equilibrio. El brazo y la cadera superiores deben estar expuestos al aire.

Con un solo brazo: Comienza con el brazo contrario (el inactivo) en el costado. Respira hacia el lado del brazo no activo. El secreto del éxito con este ejercicio es completar la respiración antes de realizar la brazada. Concéntrate en el agarre, iniciando la rotación corporal con los músculos del segmento somático central. Realiza este ejercicio despacio: la técnica es más importante que la velocidad.

Puño: Nada en estilo libre, pero utiliza el puño cerrado en vez de la palma abierta. El ejercicio establece que tienes que "sentir" el agua usando los antebrazos, lo cual aumenta la eficiencia de la tracción.

Brazada de cremallera: Nada a crol. Mientras haces el recobro del brazo, recorre el costado del tronco con el pulgar hacia arriba, pasa por la axila tocándola, y luego continua extendiendo el brazo fuera del agua con las puntas de los dedos arrastrando sobre la superficie. Esto fuerza a una rotación completa, así como a tener los codos altos y las manos y los antebrazos relajados.

LB es la Longitud de Brazada. Generalmente con una frecuencia de brazada más lenta estás intentando agarrar la mayor cantidad de agua posible. Concéntrate en una brazada suave y larga con un final completo, agarrando tanta agua como sea posible con cada brazada. Visualiza mentalmente agarrar agua en la mano (agarre) y tirar de ella (fase de tracción) y empujarla (fase de empuje) como una pelota en todo el recorrido de la brazada. Cuenta el número de brazadas durante 25 m y toma nota mentalmente. Con el tiempo, trata de nadar menos brazadas mientras mantienes la misma velocidad.

CICLISMO

Una sola pierna: Este ejercicio es mejor hacerlo en rodillo o en un entorno controlado al aire libre. Retira una pierna del pedal, apoyando ese pie apartado del armazón del rodillo, y pedalea con la otra. Notarás una diferencia especialmente en la parte ascendente de la pedalada y cuando el pie pasa por el punto superior de la misma. Trata de que todo el recorrido sea suave sin ninguna acción en pistón. Puede que para esto tengas que aumentar el desarrollo. También es posible que, con este ejercicio, tomes conciencia de un desequilibrio en la fuerza de las piernas.

Cd es cadencia: La velocidad a la que giras los pedales es tu cadencia de pedaleo. Ésta se refiere a un ciclo completo. Cuenta las pedaladas que da una pierna durante 30 segundos y multiplica el resultado por 2: el resultado dará tu frecuencia (o cadencia) de pedaleo en pedaladas por minuto (ppm).

Cadencia elevada: Pedalear a mayor frecuencia que la cadencia normal (+100 ppm) ayuda a mejorar la técnica y la eficiencia en ciclismo. Muchos principiantes normalmente tienen una cadencia demasiado lenta, por lo que aquella que supere las 90 ppm puede que les parezca rápida.

GD o gran desarrollo: Consiste en poner un gran (alto) desarrollo en la bicicleta para crear tensión y aumentar la fuerza de las piernas y una potencia suave durante toda la pedalada. Al hacer GD, la cadencia es lenta, a 60-70 ppm, y el centro de atención se pone en la tensión, no en obtener una frecuencia cardiaca o una intensidad altas.

Pedalear: El *spinning* es el equivalente ciclista del footing. Es un esfuerzo suave, a cadencia alta y orientado a la recuperación y el calentamiento. (Esto es diferente de las clases de *spinning* en las que se emplea la técnica de pedalear para elevar la frecuencia cardíaca).

CARRERA A PIE

Zancadas: Realizar *sprints* de 10-20 segundos para mejorar la frecuencia del impulso, la fuerza, el sistema anaeróbico aláctico y el rango de movimiento.

Ladrillo: Se refiere a una sesión en la que sigues un deporte con otro sin descanso (o apilas dos sesiones juntas, como "ladrillos"). Por ejemplo, en un ladrillo de ciclismo-carrera a pie correrás inmediatamente después de terminar el recorrido en bicicleta, con tan sólo un descanso para cambiarte de zapatillas. Se trata de una sesión básica de entrenamiento para triatletas expertos que buscan correr más rápido nada más desmontar de la bicicleta, y una forma de que los principiantes se preparen para la sensación de sentir las piernas como flanes al realizar esta acción.

Dado que montar en bicicleta después de nadar es mucho menos problemático que correr después de la práctica ciclista, la mayor parte de la energía se invierte en el ladrillo de ciclismo-carrera a pie.

8.3 OTRAS CONSIDERACIONES SOBRE EL PLAN

PROGRAMA DEL PLAN

El programa consiste en 2-3 sesiones de cada deporte a la semana. El máximo volumen de entrenamiento ronda las 4 horas semanales. Hay un día totalmente libre: el lunes de cada semana. Se ha elegido ese día porque la experiencia demuestra que permite al atleta recuperarse mejor después de entrenar el fin de semana.

Si tienes experiencia en natación y quieres añadir distancia o repeticiones a las sesiones, puedes hacerlo con total libertad.

Si tienes experiencia en ciclismo o en carrera a pie y sientes la necesidad de añadir volumen al programa, también puedes hacerlo con total libertad. Trabaja dentro del volumen que ya hayas establecido, entendiendo que estás introduciendo varias horas más de entrenamiento cruzado cada semana.

SI NECESITAS MEJORAR EN UNA O MÁS DE LAS DISCIPLINAS DEPORTIVAS

En el extremo opuesto, si te parece que necesitas ayuda en un área u otra, puede que te convenga saltarte una sesión de la disciplina que se te da bien y añadir una extra de la que necesites mejorar. Si sientes necesidad de añadir una clase de natación en lugar de una sesión de esa disciplina en el programa, ¡cómo no!, acude a la clase de natación y no sientas la necesidad de completar lo que te hayas saltado.

PROGRAMA DE CAMINATA/CARRERA

Este plan se monta en torno a un programa de caminata/carrera que está pensado para principiantes que no hayan estado corriendo mucho últimamente. Las secciones de caminata son importantes para mantener un esfuerzo aeróbico entre las zonas de 1-2 EEP (ver "Tabla de valoración del esfuerzo percibido", pág. 39), y para reducir el riesgo de lesión. Durante el programa de 16 semanas toda la carrera se desarrolla en torno al método de entrenamiento de caminata/carrera, ya que me parece la forma menos arriesgada de presentar un programa de carrera en un libro para principiantes, un programa que se desarrolla para que tengas éxito. El día de la competición, puede que te convenga ponerte a prueba corriendo todo el seg-

mento de carrera a pie, o emplear una combinación de caminar y correr, que explico en el capítulo
6, "Prepararse para la prueba".

CICLISMO

La mayoría de las sesiones de ciclismo se realizan
en las zonas 1-2 EEP (ver "Tabla de valoración del
esfuerzo percibido", pág. 39), Sin embargo, a medida que el plan progresa, hay algo más de trabajo en la zona 3 EEP. El recorrido ciclista más
largo de este programa es de 1 hora. En el último
bloque de entrenamiento practicarás la carrera a
pie nada más bajarte de la bicicleta en el recorrido
ciclista del domingo. En el programa esto se llama
ladrillo.

CARRERA A PIE

Como con las sesiones de ciclismo, la mayoría de
la carrera a pie se desarrolla en las zonas 1-2 EEP
(ver pág. 39). Si necesitas caminar para mantenerte en ese umbral de entrenamiento, no hay
ningún problema. A medida que te vayas po-
niendo más en forma, te parecerá más fácil mantenerte en la zona. En las últimas semanas del

programa, existe la oportunidad de correr a una intensidad más elevada (3 EEP) a
fin de que juegues con el ritmo de tus niveles de carrera y esfuerzo. Tenlo presente:
si corres frecuentemente por un recorrido con cuestas, es posible que te parezca
que en las primeras semanas tienes que caminar más de lo que requiere el programa para mantener tu esfuerzo realmente aeróbico y suave.

El objetivo de este programa es permitirte entrenar para un triatlón ocasionando
el menor trastorno posible a tu vida. Medita cada semana y decide al comienzo de
la misma cuándo y dónde encajarás el entrenamiento. Haz planes con antelación,
programa tu tiempo de entrenamiento y espera con ilusión esas sesiones. La meta
es integrar el entrenamiento en tu vida y permitir que el entrenamiento y la competición la mejoren en vez de convertirse en un estrés añadido a tus ya ajetreadas jornadas.

© Bakke-Svensson/Ironman

CAPÍTULO 9
Guía de entrenamiento
en 16 semanas: Semanas 1-4

La primera fase está pensada para que entres en acción. Empezarás a ponerte en forma y a implicarte en un programa. Tu nivel de confort en natación, ciclismo y carrera a pie debería aumentar durante estas semanas. Copia el entrenamiento en un calendario y prepara con antelación cada semana el domingo anterior. Céntrate en desarrollar la técnica y en prestar atención durante las sesiones. Tu objetivo es completarlas bien y con una actitud positiva.

9.1 SEMANA 1

Tiempo total de entrenamiento: 2 h 15 min
Todas las sesiones aeróbicas, en 1-2 EEP

Lunes: LIBRE

Martes: 20 minutos de natación
100 metros (m) de calentamiento (estilo opcional)
8 x 25 m crol (cr) (descansos de 15 segundos)
4 x 50 m (25 espalda / 25 crol con descansos de 15 segundos)
100 patadas (pp) con tabla de natación
100 m de vuelta a la calma (estilo opcional)

Total: 700 m

Miércoles: 20 minutos de carrera/caminata
5 min de calentamiento caminando
4 x (1 min trotando / 2 min caminando)
3 min de vuelta a la calma caminando

Jueves: 20 minutos de ciclismo, recorrido circular llano
10 min de calentamiento pedaleando suavemente
5 min cadencia alta centrado en pedalear con suavidad a una cadencia de 85-90 ppm**
5 min de vuelta a la calma pedaleando suavemente
***Si no tienes cuentarrevoluciones en la bicicleta que te muestre la cadencia, cuenta cada pocos minutos las veces que una pierna gira en 15 segundos y luego multiplica el resultado por 4 para obtener la cadencia.*

Viernes: 25 minutos de natación
100 m de calentamiento (estilo opcional)
10 x 25 m cr
2 x 50 m (descansos de 15 segundos) (25 braza / 25 crol)
3 x 50 m (descansos de 15 segundos) (25 espalda / 25 crol)
150 m pp (con tabla de natación)
100 m de vuelta a la calma (estilo opcional)

Total: 850 m

Sábado: 20 minutos de carrera/caminata

5 min de calentamiento caminando

3 x (2 min trotando / 1 min caminando)

2 x 30 s más rápido que el ritmo de trote, con 1 min 30 s de recuperación caminando entre esfuerzos

2 min de vuelta a la calma caminando

Domingo: 30 minutos de ciclismo

10 min de calentamiento pedaleando suavemente

5 min así: 10 segundos en pistón de pie / 50 segundos de recuperación sentado (pon la bici con 2 desarrollos más duros para ponerte de pie)

5 min cadencia alta (pedaleo 85-90 ppm)

5 min de vuelta a la calma pedaleando suavemente

9.2   SEMANA 2

Tiempo total de entrenamiento: 2 h 30 min
Todas las sesiones en 1-2 EEP con algunas en 3 cuando se indica

Al entrar en la 2.ª semana, el énfasis sigue poniéndose en mejorar la forma física y aumentar la comodidad y la técnica en las tres disciplinas deportivas. A partir de aquí deberías investigar sobre la prueba que te parezca oportuna y empezar a reunir el material que puedas necesitar. En este punto tienes que empezar a adquirir sensibilidad sobre tu forma física y tus niveles de esfuerzo.

Nota: Esta semana los intervalos de descanso o recuperación se indican así: (20").
(" significa recuperación en «segundos»; ' significa «minutos»)

Lunes: LIBRE

Martes: 25' de natación
200 m de calentamiento, estilo opcional
6 x 25 m crol (con descansos de 15"): concéntrate en aumentar la frecuencia de brazada** cada 2.º largo de 25 m (es decir, cada 50 m)
5 x 50 m (descansos de 15") haciendo 25 braza / 25 crol
10 x 25 m (descansos de 15") pp (haciendo 1 largo suave y 1 con intensidad)
100 m de vuelta a la calma suave (estilo opcional)

Total: 950 m
****Mayor velocidad de nado (= longitud de brazada x frecuencia de brazada) significa imprimir velocidad a las brazadas, realizando el ciclo de brazos más rápido en el agua.*

Miércoles: 20' de carrera/caminata
5' de calentamiento caminando
4 x (1' 30" trotando / 1' 30" caminando)
5' de vuelta a la calma caminando

Jueves: 25' de ciclismo
5' de calentamiento pedaleando suavemente
5' con una cadencia alta centrado en pedalear con suavidad con una cadencia de 90 ppm.
5' alternando 30" con un desarrollo más duro (3 EEP) y 30" de recuperación con desarrollo fácil**
10' de vuelta a la calma pedaleando suavemente
****Para el desarrollo más duro, tienes que sentir cierta tensión en las piernas para pedalear con un desarrollo más alto, pero el pedaleo debe ser fluido.*

Viernes: 20' de natación

100 m de calentamiento (estilo opcional)

6 x 25 m crol (haciendo 1 crol/1 ejercicio, con 15" de descanso) [Ejercicio: Arrastrar la punta de los dedos**]

4 x 50 m (descansos de 25") cr haciendo 25 ciclos de brazada rápidos / 25 recuperación

2 x 50 m (20") haciendo 25 braza / 25 crol

100 patada opcional (con tabla de natación)

100 m de vuelta a la calma (estilo opcional)

Total: 750 m

**Arrastrar la punta de los dedos: baja la frecuencia de tu brazada de crol y concéntrate en arrastrar las puntas de los dedos por la superficie del agua rozando tu cuerpo durante la fase de recobro (cuando tu brazo está por encima del agua). También se conoce como "cremallera", porque la acción se parece a cerrar una cremallera que fuera desde el muslo hasta la axila. Sirve para centrarse en mantener el brazo relajado y el codo alto.

Sábado: 20' de carrera/caminata

5' calentamiento caminando

3 x (2' trotando / 1' caminando)

4 x (15" más rápido que el ritmo de footing **(3 EEP)**, 45" caminando para recuperar)

2 min de vuelta a la calma caminando

Domingo: 40' de ciclismo

15' de calentamiento pedaleando suavemente

5' así: 10" en pistón de pie / 50" de recuperación sentado (pon la bici con 2 desarrollos más duros para ponerte de pie)

12' haciendo 2' a cadencia alta (pedaleo 90-95 ppm) y 1' suave

8' de vuelta a la calma pedaleando suavemente

9.3 SEMANA 3

Bienvenido a la tercera semana del plan de entrenamiento. En este punto deberías notar que tienes más de una velocidad, pero que las sesiones son manejables y suaves. No deben ignorarse los estiramientos, ya que para algunas personas los nuevos músculos que están usando estarán provocándoles agujetas

Nota: Esta semana los intervalos de descanso o recuperación se indican así: (20").
(" significa recuperación en «segundos»; ' significa «minutos»)

Lunes: LIBRE

Martes: 25' de natación
200 m de calentamiento, estilo opcional
8 x 25 m crol (20") crol
3 x 50 m (20") haciendo 25 espalda / 25 braza
8 x 25 m (20") pp (todas con esfuerzo suave, incidiendo en batir con los pies relajados)
6 x 25 m (20") crol (suave, trabajando en la longitud de brazada-LB**)
100 m de vuelta a la calma suave (estilo opcional)

Total: 1.000 m
**Longitud de brazada:* trabajar en alargar la brazada girando hacia el lado y alargando el brazo lo máximo posible hacia delante fuera del agua, antes de la entrada, y sintiendo el agua durante toda la brazada hasta un largo y completo final de la misma. No debe existir ninguna pausa. Cuenta las brazadas durante 25 m y trata de reducir ese número durante toda la serie y todo el programa.*

Miércoles: 25' de carrera/caminata
5' de calentamiento caminando
5 x (2' trotando / 1' caminando)
5' de vuelta a la calma caminando

Jueves: 30' de ciclismo
10' de calentamiento pedaleando suavemente
5' a cadencia alta pedaleando a 95 ppm
3 x (30" con desarrollo más duro / tensión / 30" de pedaleo de recuperación). Permanece sentado.
10' de vuelta a la calma pedaleando suavemente

Viernes: 25' de natación

100 m de calentamiento (estilo opcional)

8 x 25 m crol (15") crol (haciendo 1 cr, 1 ejercicio). Ejercicio: "Una y pausa"**.

4 x 50 m (LB o longitud de brazada, con descansos de 30")

200 patada suave

100 m de vuelta a la calma (estilo opcional)

Total: 1.000 m

**Ejercicio de "Una y pausa", también conocido como "Una y cambio" o "Punto muerto". Dar una brazada y hacer una pausa mientras se mira al fondo de la piscina. El objetivo es fortalecer el agarre cuando se cambia al otro lado.

Sábado: 25' de carrera/caminata

5' de calentamiento caminando

4 x (2' trotando / 2' caminando)

5' de vuelta a la calma caminando

Domingo: 45' de ciclismo

15' de calentamiento pedaleando suavemente

2 x 10' (5') cadencia alta: +95 ppm

10' de vuelta a la calma pedaleando suavemente

9.4   SEMANA 4

Ahora ya estás preparado para completar tu primer mes de entrenamiento. Si has sido sistemático, ya estás más fuerte y en mejor forma que cuando empezamos y eres capaz de soportar algo más de intensidad en el entrenamiento. Esta semana te desafiaré a elevar ligeramente tu frecuencia cardíaca en algunas sesiones. A partir de la semana que viene existe la oportunidad de hacer sesiones de bicicleta en rodillo. Trata de conseguir uno prestado, o de comprártelo, antes de la semana próxima.

Lunes: LIBRE

Martes: 25' de natación
200 m de calentamiento, estilo opcional
8 x 25 m (20") crol (haciendo 1 largo con brazadas rápidas, 1 largo de recuperación)
4 x 50 m (20") (haciendo 25 espalda / 25 crol)
4 x 50 m (25") cr (trabajando en la LB)
6 x 25 m (20") patada con tabla de natación (haciendo 1 rápido en 3 EEP / 1 suave)
100 m de vuelta a la calma suave (estilo opcional)

Total: 1.050 m
Durante el trabajo de la LB trata de reducir el número de brazadas realizadas en 25 m durante la última semana.

Miércoles: 25' de carrera/caminata
5' de calentamiento caminando
2 x (2' trotando / 1' caminando)
4 x (30" trotando, 30" ligeramente más rápido que el ritmo de footing 2-3 EEP,
    1' de recuperación caminando)
5' de vuelta a la calma caminando

Jueves: 35' de ciclismo
10' de calentamiento pedaleando suavemente
5' a cadencia de 95 ppm
5 x 1' haciendo 30" con desarrollo más duro / tensión en 3 EEP / 30" de pedaleo de
    recuperación). Mantén la cadencia a +90 ppm.
15' de vuelta a la calma pedaleando suavemente

Viernes: 25' de natación

100 m de calentamiento (estilo opcional)

10 x 25 m (20") ejercicio de crol (haciendo 1 contando hasta 3, 1 arrastrando las puntas de los dedos por el costado)

6 x 50 m (30") LB (longitud de brazada)

6 x 25 m (20") patadas de crol (haciendo 1 suave, 1 rápido)

200 m de vuelta a la calma (estilo opcional)

Total: 1.000 m

Sábado: 30' de carrera/caminata

10' de calentamiento caminando

3 x (2' trotando / 1' caminando)

3 x (15" trotando / 45" más rápido que el ritmo de trote, en 2-3 EEP / 1' de recuperación caminando)

5' de vuelta a la calma caminando

Domingo: 50' de ciclismo

15' de calentamiento pedaleando suavemente

4 x 2' (1') pedaleando a cadencia alta (+95 ppm) en terreno llano

4 x 30" (1') en pistón de pie (mete 2 desarrollos más duros para ponerte de pie)

5' rodando más rápido, en 3 EEP y a 90 ppm

10' de vuelta a la calma pedaleando suavemente

9.5   ¿SABÍAS QUE...?

El ejercicio fortalece el corazón, ayudándole a bombear más sangre en cada latido. La sangre entonces aporta más oxígeno al organismo, lo cual le ayuda a funcionar más eficientemente. El ejercicio también puede reducir la tensión arterial, el riesgo de cardiopatías y los niveles de colesterol malo, que obstruye las arterias y puede provocar infartos. Al mismo tiempo, el ejercicio puede elevar los niveles de colesterol bueno, que ayuda a protegerse contra las cardiopatías.

CAPÍTULO 10
Guía de entrenamiento
en 16 semanas: Semanas 5-8

Después de un mes de entrenamiento, estás preparado para subir el listón. Este mes asistirás a un ligero incremento en la distancia recorrida y la intensidad, pero el centro de atención sigue estando en la resistencia y la técnica. Habrá algunos recorridos en bicicleta que pueden hacerse en rodillo, si dispones de uno. Desarrolla y mantén una buena alimentación y hábitos de descanso para asegurar que tu organismo y tu sistema inmunológico están fuertes.

10.1 SEMANA 5

Tiempo total de entrenamiento: 3 h 30 min
Todas las sesiones en 1-2 EEP, en 3 cuando se indica

Lunes: LIBRE

Martes: 30' de natación
100 m de calentamiento (estilo opcional)
8 x 25 m (15") crol (haciendo 1 largo con brazadas rápidas, 1 largo de recuperación/haciendo 1 brazada rápida, 1 de deslizamiento)
4 x 100 m (45") (haciendo 50 espalda / 50 crol)
4 x 50 m (20") crol (LB). *Hazlo sin prisas.*
100 m de vuelta a la calma (estilo opcional)

Total: 1.100 m

Miércoles: 30' de carrera/caminata
10' de calentamiento caminando
4 x (30" trotando, 30" más rápido que el ritmo de trote 3 EEP, 1' de recuperación caminando)**
3 x (2' trotando, 1' caminando)
5' de vuelta a la calma caminando
***Esta semana, es conveniente sentir que el ritmo cambia a otro más rápido que el de trote. Acuérdate de permanecer relajado y mantener la postura y la técnica al aumentar la intensidad.*

Jueves: 35' de ciclismo (en rodillo, si lo tienes)**
10' de calentamiento pedaleando suavemente
4 x (25" pedaleando con la pierna izquierda, 35" con las dos, 25" con la derecha, 35" con las dos)
2' de recuperación pedaleando suavemente
4 x (30" pedaleando a cadencia alta (+95 ppm), 30" de recuperación)
10' de vuelta a la calma pedaleando suavemente
***Si estás montando en rodillo, puedes pedalear con una sola pierna con el pie que descansa retirado del pedal. Al aire libre, es más práctico y seguro centrarse en una pierna y dejar la otra relajada.*

Viernes: 25' de natación
100 m de calentamiento (estilo opcional)
10 x 25 m (20") (haciendo 1 crol, 1 espalda)

6 x 50 m (30") (respira cada 3 brazadas)**
3 x 50 m (20") patada (haciendo 25 m suave, 25 m rápido)
200 m de vuelta a la calma (estilo opcional)

Total: 1.000 m
**Respira cada 3 brazadas: inspira sólo a la tercera brazada, trabajando en la técnica del rolido.*

Sábado: 35' de carrera/caminata
10' de calentamiento caminando
3 x (2' 30" trotando, 1' 30" caminando)
2 x (30" trotando, 30" más rápido que el ritmo de trote, en 3 EEP, 2' de recuperación caminando)
5' de vuelta a la calma caminando

Domingo: 55' de ciclismo
15' de calentamiento pedaleando suavemente
4 x (30" centrado en la pierna izquierda, 30" de recuperación pedaleando suavemente, 30" centrado en la derecha, 30" de recuperación pedaleando suavemente)
5 x (30" en pistón de pie, 1' 30" de recuperación pedaleando suavemente). *Pon la bici en 2-3 desarrollos más largos para los esfuerzos poniéndote de pie.*
2' de recuperación pedaleando suavemente
4 x (30" con desarrollo largo y cadencia baja (65-70 ppm), 1' 30" de recuperación). *Pon la bici en un desarrollo largo y siente la tensión en la pedalada completa.*
10' de vuelta a la calma pedaleando suavemente

La próxima semana las sesiones durarán lo mismo, pero añadiendo un pelín de intensidad. El objetivo aquí no es darse prisa nunca, sino tomarse las cosas con calma y escuchar a tu cuerpo.

10.2 SEMANA 6

Esta semana asistes a un aumento de cierta intensidad. Como siempre, presta aten-ción a tu nutrición, asegurándote de ingerir cantidades adecuadas de proteínas, grasas e hidratos de carbono, así como de minerales y vitaminas. Esto contribuirá a mejorar tu nivel de forma física, facilitará la recuperación y te proporcionará su-ficientes depósitos de energía que no se agoten durante las distancias paulatina-mente mayores.

Lunes: LIBRE

Martes: 30' de natación
200 m de calentamiento (estilo opcional)
6 x 25 m (15") crol (haciendo 2 largos con brazadas rápidas, 1 largo de recupera-ción)
2 x 150 m (45") (haciendo 50 m crol / 50 m espalda / 50 m crol)
4 x 50 m (20") patada (haciendo 25 m rápido, 25 m suave)**
200 m de vuelta a la calma suave (estilo opcional)

Total: 1.050 m
**Al trabajar la patada, concéntrate en relajar los pies, batiendo desde el segmento somático central, tanto al elevar los pies como al bajarlos.*

Miércoles: 30' de carrera/caminata
5' de calentamiento caminando
2 x (3' trotando / 1' caminando)
4 x (1' trotando / 30" más rápido que el ritmo de trote, en 3 EEP / 1' de recupera-ción caminando)**
5' de vuelta a la calma caminando
**Al correr rápido, siente cómo toda tu energía te impulsa hacia delante. Mantén el tren superior relajado.*

Jueves: 40' de ciclismo (en rodillo)
15' de calentamiento pedaleando suavemente
3 x (30" pedaleando a cadencia alta (+95 ppm), 30" de recuperación pedaleando suavemente)
2' de recuperación pedaleando suavemente

5 x (25" pedaleando con la pierna izquierda, 35" con las dos, 25" con la derecha, 35" con las dos)**

10' de vuelta a la calma pedaleando suavemente

**Trabajo con una sola pierna: cuando la duración del intervalo aumente y la pierna se fatigue, acuérdate de mantener el movimiento circular que describe el pie y la regularidad a lo largo de toda la pedalada.

Viernes: 30' de natación

100 m de calentamiento (estilo opcional)

6 x 25 m (20") (haciendo 1 crol, 1 espalda)

8 x 25 m (30") (haciendo 1 respirando cada 3 brazadas, 1 respirando cada 5)**

6 x 50 m (20") patada de crol (25 m suave, 25 m rápido)

200 m de vuelta a la calma (estilo opcional)

Total: 1.000 m

**Respirar cada 3 ó 5 brazadas: inspirar sólo después de cada tres o cinco brazadas. Recordar que el control de la respiración es esencial en natación. Al correr o al montar en bicicleta no contienes la respiración, así que ¿por qué tendrías que hacerlo al nadar? Cuando lo hagas a lo largo de cinco brazadas, acuérdate de expulsar el aire a un ritmo estable (no contengas la respiración hasta la última brazada; y tampoco eches todo el aire en la primera).

Sábado: 40' de carrera/caminata

10' de calentamiento caminando

2 x (3' trotando / 2' caminando)

3 x (15" trotando / 45" más rápido que el ritmo de trote, en 3 EEP / 3' de recuperación caminando)

10' de vuelta a la calma caminando

Domingo: 60' de ciclismo

15' de calentamiento pedaleando suavemente

4 x (30" pedaleando con la pierna izquierda, 30" de pedaleo suave, 30" con la derecha, 30" de pedaleo suave)

3' de recuperación pedaleando suavemente

2 x (45" en pistón de pie, en 3 EEP / 1' 15" de recuperación pedaleando suavemente). *Mete 2-3 desarrollos más largos para los esfuerzos poniéndote de pie.*

3' de recuperación pedaleando suavemente

4 x (30" con desarrollo alto y baja cadencia (65 ppm) / 1' 30" de recuperación pedaleando suavemente)

15' de vuelta a la calma pedaleando suavemente

10.3 SEMANA 7

Tiempo total de entrenamiento: 2 h 50 min
Todas las sesiones en 1-2 EEP, en 3 cuando se indica

Esta séptima semana presenta una notable reducción en la distancia global recorrida y en el tiempo. Se trata de una semana de recuperación activa. Sigues entrenando y tanteando algunos sistemas energéticos distintos, asegurándote al mismo tiempo de que la frecuencia cardíaca se está elevando; sin embargo, la distancia recorrida se reduce para darte un descanso físico y mental de la carga de entrenamiento. Aunque puede que te sientas con mucha energía y quieras entrenar más intensamente, ten paciencia y deja que tu organismo descanse y se adapte.

Lunes: LIBRE

Martes: 20' de natación
100 m de calentamiento (estilo opcional)
4 x 50 m (15") crol (haciendo 2 largos con brazadas rápidas, 2 de recuperación nadando)
3 x 100 m (45") (haciendo 50 m LB / 50 patada con tabla)**
100 m de vuelta a la calma suave (estilo opcional)

Total: 700 m
**Al trabajar la patada, concéntrate en relajar los pies, dar la patada desde el segmento somático central y batiendo tanto al elevar los pies como al bajarlos.*

Miércoles: 25' de carrera/caminata
5' de calentamiento caminando
1 x (3' trotando / 1' caminando)
3 x (1' trotando / 45" segundos más rápido que el ritmo de footing, en 3 EEP / 2' 15"
de recuperación caminando)**
5' de vuelta a la calma caminando
**Al correr rápido, piensa en aumentar la frecuencia de los apoyos en el suelo.*

Jueves: 35' de ciclismo (en rodillo)
15' de calentamiento pedaleando suavemente
3 x (15" pedaleando a cadencia alta (+100 ppm) / 45" de recuperación pedaleando
suavemente)
2 x (25" pedaleando con la pierna izquierda, 35" con las dos, 25" con la derecha,
35" con las dos)**
10' de vuelta a la calma pedaleando suavemente

**Trabajo con una sola pierna: cuando la duración del intervalo aumente y la pierna se fatigue, acuérdate de mantener el movimiento circular que describe el pie y la regularidad durante toda la pedalada.

Viernes: 20' de natación
200 m de calentamiento (estilo opcional)
6 x 25 m (15") crol (LB)**
6 x 50 m (20") patada de crol (25 m suave, 25 m rápido)
200 m de vuelta a la calma (estilo opcional)

Total: 700 m
**Durante el trabajo de la LB, trata de reducir el número de brazadas en cada repetición de 25 m.

Sábado: 30' de carrera/caminata
5' de calentamiento caminando
4 x (2' trotando / 2' caminando)
2 x (30" trotando / 30" más rápido que el ritmo de trote, en 3 EEP / 2' de recuperación caminando)
10' de vuelta a la calma caminando

Domingo: 40' de ciclismo
15' de calentamiento pedaleando suavemente
4 x (30" pedaleando con la pierna izquierda, 30" con las dos, 30" con la derecha, 30" con las dos)
10' rodando concentrado en una cadencia de 90 ppm
10' de vuelta a la calma pedaleando suavemente

10.4 SEMANA 8

**Tiempo total de entrenamiento: 4 h
Todas las sesiones en 1-2 EEP,
en 3 cuando se indica**

Al final de esta semana, estarás en el ecuador del plan de entrenamiento. ¡EXCE-LENTE! Puedes darte a ti mismo una palmada en la espalda y saber que has demostrado que vales para hacer tu primer triatlón. Esta semana es la última fase de entrenamiento para desarrollar tu resistencia de base. Deberías sentirte descansado después de la recuperación activa de la semana pasada. Pero con el mayor volumen de entrenamiento, asegúrate de estar comiendo bien, haciendo estiramientos y durmiendo lo suficiente.

Lunes: LIBRE

Martes: 30' de natación
200 m de calentamiento (estilo opcional)
4 x 50 m (15") patada (haciendo 25 m suave, 25 m rápido en 3 EEP)
5 x 75 m (30") crol (haciendo 25 m respirando cada 3 brazadas / 25 m respirando cada 5 / 25 m respirando cada 3)
6 x 25 m (20") crol (haciendo explosivamente los primeros 15 m y fácil al final)**
100 m de vuelta a la calma suave (estilo opcional)
**Nadar explosivamente a crol: hay que realizar los ciclos de brazada rápidamente y trabajar intensamente (en 3-4 EEP) durante 15 m.

Total: 1.000 m

Miércoles: 30' de carrera/caminata
5' de calentamiento caminando
3 x (30" trotando / 30" más rápido que el ritmo de trote, en 3 EEP / 2' de recuperación caminando)**
3 x (3' trotando, 1' caminando)
5' de vuelta a la calma caminando
**Más rápido que el ritmo de trote: ver semana(s) previa(s).

Jueves: 40' de ciclismo (en rodillo)
15' de calentamiento pedaleando suavemente
4 x (30" pedaleando con la pierna izquierda, 30" con las dos, 30" con la derecha, 30" con las dos)
3' de recuperación

3 x (30" pedaleando a cadencia alta (+95 ppm), 30" de recuperación pedaleando suavemente)

10' de vuelta a la calma pedaleando suavemente

Viernes: 30' de natación

200 m de calentamiento (estilo opcional)

4 x 25 m (15") crol (LB)

4 x 100 m (30") (haciendo 75 m crol / 25 m espalda con los dos brazos a la vez)**

6 x 25 m (15") crol (haciendo 15 m nadando explosivamente, suave al final)

200 m de vuelta a la calma (estilo opcional)

Total: 1.050 m

**Espalda con los dos brazos a la vez: ambos brazos hacen la tracción y el recobro al mismo tiempo, lo cual ayuda a soltar y relajar los hombros.*

Sábado: 40' de carrera/caminata

10' de calentamiento caminando

2 x (3' trotando / 2' caminando)

2 x (30" trotando / 45" más rápido que el ritmo de trote, en 3 EEP / 2' 15" de recuperación caminando)

10' de vuelta a la calma caminando

Domingo: 60' de ciclismo

15' de calentamiento pedaleando suavemente

4 x (30" pedaleando con la pierna izquierda, 30" con las dos, 30" con la derecha, 30" con las dos)

3' de recuperación pedaleando suavemente

6 x (45" en pistón de pie, 2' 15" de recuperación pedaleando suavemente)

15' de vuelta a la calma pedaleando suavemente

**Al ponerse de pie sobre los pedales: Asegurarse de no inclinarse sobre el manillar. Al cargar el peso sobre los brazos, se pierde mucha fuerza de piernas, ¡y son éstas las que te impulsan hacia delante por la carretera! Debes concentrarte en bajar el pie en el centro del pedal con una pierna, y subirlo con la otra. Mientras pedaleas, balancea la bicicleta, no el cuerpo.*

A partir de la próxima semana, irás incorporando algo de trabajo sobre la frecuencia cardíaca y añadirás aletas y *pull-buoy* al siguiente bloque de entrenamiento de natación. Si la piscina más cercana carece de este equipo, intenta comprártelo. Si no, sencillamente, haz el trabajo sin estos aparatos de entrenamiento.

10.5 ¿SABÍAS QUE...?

La respiración adecuada es un componente básico infravalorado, pero crítico, de la buena salud. La respiración lenta y profunda elimina los residuos de dióxido de carbono y suministra mucho oxígeno limpio y fresco al cerebro y los músculos. De esta forma, más células sanguíneas reciben nuevo aire rico en oxígeno, en vez del mismo aire viciado. Los expertos calculan que la buena respiración ayuda al organismo a eliminar toxinas 15 veces más rápido que la pobre respiración superficial. No sólo estarás más sano, sino que podrás rendir más (mental y físicamente) y, por supuesto, estar menos estresado y más relajado.

CAPÍTULO 11
Guía de entrenamiento en 16 semanas: Semanas 9-12

Tienes en tu haber 8 semanas de entrenamiento y ya deberás estar notando la mejora de forma. Esta siguiente fase del entrenamiento introduce más trabajo de velocidad e intensidad, lo cual mejora tu capacidad para trabajar duro. He añadido aletas en las sesiones de natación para ayudarte con la fuerza de piernas y la flexibilidad de los tobillos. Si la piscina más cercana no dispone de este equipamiento, no dejes de comprártelo.

11.1 SEMANA 9

Lunes: LIBRE

Martes: 35' de natación
100 m de calentamiento (estilo opcional)
4 x 75 m (15") patada con aletas (50 m patada suave / 25 m patada muy intensa, en 4 EEP)
8 x 25 m (20") crol (respirando cada 5 brazadas)
6 x 25 m (20") crol con aletas (realizando explosivamente los 15 primeros metros, en 4 EEP, y suavemente al final)
200 m de vuelta a la calma (estilo opcional)

Total: 1.000 m

Miércoles: 30' de carrera/caminata
5' de calentamiento corriendo/caminando
15' (haciendo 30" trotando, 30" más rápido que el ritmo de trote 3 EEP, 30" trotando, 1' de recuperación caminando)
5 x (10" zancadas, 50" caminando)**
5' de vuelta a la calma caminando
**Por "zancadas" entendemos movimientos rápidos y explosivos de carrera. Céntrate en la frecuencia y la longitud de zancada y la buena técnica. Es un ejercicio que mejora la fuerza y la flexibilidad para correr más rápido.*

Jueves: 45' de ciclismo (en rodillo)
15' de calentamiento pedaleando suavemente
4 x (20" pedaleando con la pierna izquierda, 40" con las dos, 20" con la derecha, 40" con las dos)
2' de recuperación pedaleando suavemente
5 x (45" pedaleando con gran desarrollo —a cadencia de 50-60 ppm—, 1' 15" de recuperación pedaleando suavemente)**
10' de vuelta a la calma pedaleando suavemente
**Siente la tensión y la potencia con el desarrollo largo. Si no tienes cuentarrevoluciones en la bicicleta que te muestre la cadencia, cada diez minutos cuenta el movimiento cíclico de una pierna en 30 segundos y luego multiplícalo por 2 para obtener como resultado tu cadencia.*

Viernes: 30' de natación**

200 m de calentamiento (estilo opcional)

8 x 25 m (20") crol (LB: sigue contando las brazadas iy trata de lograr reducir al mínimo su recuento!)

4 x 150 m (30") haciendo 100 m crol suave / 50 m rápido (4 EEP)

6 x 25 m (20") crol (haciendo 100 m suave, y nadando explosivamente hasta el final en 4-5 EEP)

100 m de vuelta a la calma (estilo opcional)

Total: 1.250 m

**Si observas el reloj de ritmo, puedes empezar a llevar la cuenta de tus tiempos parciales cada 50 m iy ver el progreso de tu velocidad!

Sábado: 40' de carrera/caminata

5' de calentamiento caminando

2 x (4' trotando, 1' caminando)

4 x (15" trotando, 45" más rápido que el ritmo de trote, en 3 EEP)

2' trotando

2 x (10" zancadas con 50" de recuperación caminando)

10' de vuelta a la calma caminando

Domingo: 60' de ciclismo

15' de calentamiento pedaleando suavemente

3 x (45" pierna izquierda, 15" ambas, 45" pierna derecha, 1' 15" ambas)

2' de recuperación pedaleando suavemente

2 x (45" en pistón de pie, en 4 EEP, 2' 15" de recuperación pedaleando suavemente)

3 x 3' (con 1' de recuperación) de pedalear rápidamente (3 EEP) a 90-95 ppm**

15' de vuelta a la calma pedaleando suavemente

**Durante el pedaleo rápido, calcula tu velocidad si tienes cuentakilómetros inalámbrico (bike computer) *en la bicicleta. Inicia a una intensidad que puedas mantener durante los 3 intervalos; es mejor empezar prudentemente.*

11.2 SEMANA 10

Tiempo total de entrenamiento: 3 h 40 min
Todas las sesiones en 1-2 EEP, en 3-4 cuando se indica

Esta semana será bastante similar a la anterior, continuando con la progresión gradual de añadir más velocidad mientras mantienes tu base. El trabajo de velocidad y entrenamiento de mayor intensidad es más duro para el organismo; no dejes de estirar bien, y sigue centrándote en la buena nutrición y la recuperación.

Lunes: LIBRE

Martes: 35' de natación
200 m de calentamiento (haciendo 50 m crol, 50 m espalda, 50 m patada, 50 m crol)
6 x 50 m (15") parada con aletas (25 m patada suave, 25 m patada muy intensa en 4 EEP)
4 x 25 m (10") ejercicio de crol (Respirar cada 5)**
6 x 25 m (15") crol con aletas (haciendo 2 a esfuerzo medio en 3 EEP, 1 esfuerzo intenso en 4 EEP)
200 m de vuelta a la calma suave (estilo opcional)

Total: 1.050 m
**Respirar cada 5: respirar cada 5 brazadas te permite centrarte en el rolido y la tracción, y en una excelente espiración bajo el agua.

Miércoles: 25' de carrera/caminata
5' de calentamiento caminando
10' (haciendo 45" trotando / 15" más rápido que el ritmo de trote, en 3 EEP / 30" trotando / 1' caminando)
5 x (15" zancada / 40" trotando / 1' caminando)**
5' de vuelta a la calma caminando
**Las zancadas son rápidas y controladas, fuertes y fluidas.

Jueves: 40' de ciclismo (en rodillo)
10' de calentamiento pedaleando suavemente
3 x (30" pedaleando con la pierna izquierda, 15" con las dos, 30" con la derecha, 45" con las dos)
2' de recuperación pedaleando suavemente
3 x (30" a 90 ppm, 30" a 100 ppm, 30" a 110 ppm, 30" a 120+ ppm, 2' de recuperación pedaleando suavemente). *El EP se elevará a lo largo de la serie, a medida que se intensifique el pedaleo.***

10' de vuelta a la calma pedaleando suavemente
**Si no tienes cuentarrevoluciones en la bicicleta que te muestre la cadencia, cada diez minutos cuenta el número de pedaladas con una pierna en 15" y luego multiplica el resultado por 4 para obtener tu cadencia.*

Viernes: 30' de natación
300 m de calentamiento (haciendo 100 cr, 100 pp, 100 estilo opcional)
4 x 50 m (20") LB en crol *(cuenta las brazadas durante 25 m, ¡y trata de lograr tu menor recuento posible de brazadas!)*
4 x 100 m (25") crol (haciendo 50 m suave / 50 m esfuerzo medio en 3 EEP)
100 m de vuelta a la calma (estilo opcional)

Total: 1.000 m

Sábado: 40' de carrera/caminata
5' de calentamiento caminando
3 x (4' trotando / 2' caminando)
2 x (30" trotando, 15" zancada, 2' 15' de recuperación caminando)
10' de vuelta a la calma caminando

Domingo: 50' de ciclismo
10' de calentamiento pedaleando suavemente
4 x (30" pierna izquierda, 15" ambas, 30" pierna derecha, 1' 15" ambas)
3' de recuperación pedaleando suavemente
4 x (20" en pistón de pie / 1' 40" de recuperación pedaleando suavemente)
4 x 3' (con 1' de recuperación) con un ritmo rápido de pedaleo (en 3 EEP) a 90-95 ppm
15' de vuelta a la calma pedaleando suavemente

11.3 SEMANA 11

Tiempo total de entrenamiento: 3 h 45 min
Todas las sesiones en 1-2 EEP, en 3-4 cuando se indica

Esta semana será bastante similar a la anterior: estamos añadiendo paulatinamente más trabajo de velocidad en la progresión, mientras mantenemos tu base.

Lunes: LIBRE

Martes: 25' de natación
200 m de calentamiento (haciendo 50 m cr, 50 m br, 50 m pp, 50 m cr)
8 x 25 m (15") patadas de crol con aletas (haciendo 25 m de patada suave, 25 m de patada muy intensa)
6 x 50 m (15") crol (25 crol con intensidad, 25 espalda con doble brazada)
200 m de vuelta a la calma suave (estilo opcional)

Total: 900 m

Miércoles: 30' de carrera/caminata
5' de calentamiento caminando
4 x (20" zancada, 40" trotando, 2' caminando)
10' (haciendo 45" trotando, 15" con intensidad —controla la FC después de realizar esto—, 2' caminando)
5' de vuelta a la calma caminando

Jueves: 45' de ciclismo (en rodillo)
10' de calentamiento pedaleando suavemente
2 x (45" pedaleando con la pierna izquierda, 15" con las dos, 45" con la derecha, 45" con las dos)**
2' de recuperación pedaleando
3 x (30" a 90 ppm, 30" a 100 ppm, 30" a 110 ppm, 30" a 120+ ppm —controlar la FC—, 2' recuperación. *El EEP aumentará a lo largo de la serie al irse intensificando el pedaleo.*
2 x (30" con intensidad, 1' 30" de recuperación)
10' de vuelta a la calma pedaleando suavemente
***Si no tienes cuentarrevoluciones en la bicicleta que te muestre la cadencia, cada diez minutos cuenta el número de pedaladas con una pierna en 15" y luego multiplica el resultado por 4 para obtener tu cadencia.*

Viernes: 35' de natación

200 m de calentamiento (haciendo 100 m cr, 50 m pp, 50 m estilo opcional)

4 x 75 m (45") crol (LB)

3 x 150 m (45") (haciendo 50 m crol suave, 50 m esfuerzo medio en 3 EEP, 50 m espalda)

100 m de vuelta a la calma (estilo opcional)

Total: 1.150 m

Sábado: 40' de carrera/caminata

5' de calentamiento caminando

3 x (45" trotando / 15" zancada, 2' de recuperación caminando)

4 x (3' trotando, 2' caminando)

5' de vuelta a la calma caminando

Domingo: 50' de ciclismo

15' de calentamiento pedaleando suavemente

4 x (30" pierna izquierda, 15" ambas, 30" pierna derecha, 1' 15" ambas)

3' de recuperación pedaleando suavemente

3 x 4' (con 2' de recuperación) rodando rápido con una cadencia de 90-95 ppm, en 3 EEP**

15' de vuelta a la calma pedaleando suavemente

**Hacer los intervalos de 4' rodando más rápido en el mismo recorrido te permitirá trabajar intensamente para mantener la velocidad.

11.4 SEMANA 12

Casi has llegado a los tres meses de entrenamiento. Esta última semana de la fase requiere que aumentes una vez más la intensidad del esfuerzo, antes de comenzar otra de recuperación. Si has entrenado en rutas de bicicleta y carrera similares, debes notar que cubres más terreno, o que estás yendo más rápido que cuando empezaste.

Lunes: LIBRE

Martes: 25' de natación
200 m de calentamiento (haciendo 50 m cr, 50 m es, 50 m br, 50 m cr)
4 x 25 m (15") patada con aletas (25 m patada suave, 25 m patada muy intensa en 4 EEP)
8 x 25 m (15") crol (alternando 25 m crol rápido en 4 EEP, 25 m braza o espalda suave)
4 x 50 m (25") crol con aletas (haciendo 25 m en 3 EEP, 25 con esfuerzo en 4 EEP)
200 m de vuelta a la calma suave (estilo opcional)

Total: 900 m

Miércoles: 30' de carrera/caminata
5' de calentamiento caminando
2 x (20" zancada, 40" trotando, 2' caminando)
3 x (1' trotando, 30" rápido en 4 EEP, 3' caminando)
5' de vuelta a la calma caminando

Jueves: 45' de bicicleta (en rodillo)
10' de calentamiento pedaleando suavemente
1 x (30" pedaleando con la pierna izquierda, 15" con las dos, 30" con la derecha, 45" con las dos)
2' de recuperación pedaleando suavemente
1 x (30" pedaleando a 90 ppm, 30" a 100 ppm, 30" a 110 ppm, 30" a +120 ppm —controlar la FC—, 2' de recuperación pedaleando suavemente)**
4 x (1' con esfuerzo —controlar la FC—, 3' de recuperación pedaleando suavemente)
10' de vuelta a la calma pedaleando suavemente
**Si no tienes cuentarrevoluciones en la bicicleta que te muestre la cadencia, cada diez minutos cuenta el número de pedaladas con una pierna en 15" y luego multiplica el resultado por 4 para obtener tu cadencia.

Viernes: 35' de natación
200 m de calentamiento (haciendo 50 m cr, 100 m pp, 50 m estilo opcional)
2 x 75 m (30") crol con aletas (haciendo 50 m LB, 25 m en 4 EEP)
5 x 100 m (45") (haciendo 50 m crol suave / 50 m crol en 3 EEP)
100 m de vuelta a la calma (estilo opcional)

Total: 1.050 m

Sábado: 40' de carrera/caminata
5' de calentamiento caminando
2 x (45" trotando, 15" zancada, 2' de recuperación caminando)
4 x (2' trotando, 1' en 4 EEP, 3' caminando)
5' de vuelta a la calma caminando

Domingo: 50' de ciclismo
15' de calentamiento pedaleando suavemente
3 x (30" pierna izquierda, 15" ambas, 30" pierna derecha —controlar la FC—, 1' 15" ambas)
2' de recuperación pedaleando suavemente
4 x 2' rodando rápido (1' de recuperación) en 3-4 EEP, cd 90-95 ppm
15' de vuelta a la calma pedaleando suavemente

11.5   ¿SABÍAS QUE...?

Al nadar a crol, trata de reducir la amplitud de la patada. La mayoría de las personas patea con una fuerza excesiva para compensar la falta de equilibrio en el agua. Reducir el recorrido de la patada te permitirá mejorar tu equilibrio, así como conservar energía.

CAPÍTULO 12
Guía de entrenamiento
en 16 semanas: Semanas 13-16

Estás ahora en la recta final de tu plan de entrenamiento. Esta Fase consiste en una semana fácil que te permita adaptarte a las últimas semanas de duro entrenamiento. Luego tienes otras dos más intensas antes de encaminarte a la prueba elegida. En estas cuatro últimas semanas, debes empezar a pensar con antelación en el día de la prueba y añadir algo de práctica de transiciones al final de las sesiones. Esto debe consistir únicamente en 10-15 min de ejercicios para practicar T1 y T2. Ver el apartado "Transiciones" en el Capítulo 4. La relación entre competir y la transición se encuentra en el Capítulo 5. A partir de la semana 13, el recorrido en bicicleta del domingo empezará a incorporar entrenamiento de ladrillos, en el que se te pedirá caminar o correr nada más bajar de la bicicleta, para acostumbrarte a la sensación.

12.1 SEMANA 13

Tiempo total de entrenamiento: 3 h 50 min
Todas las sesiones en 1-2 EEP, en 3-4 cuando se indica

Lunes: LIBRE

Martes: 30' de natación
100 m de calentamiento (estilo opcional)
6 x 25 m (10") patada (25 m patada suave / 25 m patada muy intensa, en 4 EEP)
8 x 25 m (15") crol (haciendo 1 suave, 1 en 2 EEP, 1 en 3 EEP, 1 en 4 EEP)
3 x 150 m (30") crol (haciendo 50 m suave, 50 m en 4 EEP, 50 m doble brazada espalda)
200 m de vuelta a la calma (estilo opcional)

Total: 1.200 m

Miércoles: 30' de carrera/caminata
5' de calentamiento caminando
1 x (15" zancada, 45" trotando, 1' caminando)
4 x (2' trotando, 30" en 3 EEP, 2' caminando)
5' de vuelta a la calma caminando

Jueves: 50' de ciclismo
10' de calentamiento pedaleando suavemente
2 x (45" pedaleando con la pierna izquierda, 15" con las dos, 45" con la derecha, 45" con las dos)
2' de recuperación pedaleando suavemente
1 x (30" a 90 ppm, 30" a 100 ppm, 30" a 110 ppm, 30" a +120 ppm —controlar la FC—, 2' de recuperación pedaleando suavemente)
3 x (2' en 3 EEP, 1' en 4 EEP, 3' de recuperación)
10' de vuelta a la calma pedaleando suavemente

Viernes: 30' de natación
200 m de calentamiento (haciendo 50 m cr, 100 m pp, 50 m estilo opcional)
6 x 25 m (15") crol con aletas (15 m nadando suavemente, 25 m nadando explosivamente en 4-5 EEP)
3 x 100 m (30") (haciendo 50 m LB de crol / 50 m espalda)
100 m de vuelta a la calma (estilo opcional)

Total: 750 m

Sábado: 50' de carrera/caminata

8-10' de calentamiento caminando

4 x (45" trotando en 2 EEP, 15" zancada, 2' de recuperación caminando)

4 x (2' corriendo en 1 EEP, 1' en 2 EEP, 3' caminando)

5' de vuelta a la calma caminando

Domingo: Ladrillo: 50' de bicicleta + 5' caminando inmediatamente después de montar en bicicleta**

10' de calentamiento pedaleando suavemente

1 x (30" pierna izquierda, 15" ambas, 30" pierna derecha, 1' 15" ambas)

Bicicleta a ritmo constante en 2 EEP hasta 50' + caminar 5' inmediatamente después de la bicicleta.

**Ladrillo: prepárate para detenerte, bajar de la bicicleta y empezar a caminar de inmediato.

12.2 SEMANA 14

Tiempo total de entrenamiento: 4 h 10 min
Todas las sesiones en 1-2 EEP, en 3-4 cuando se indica

Lunes: LIBRE

Martes: 25' de natación

200 m de calentamiento (100 m cr, 50 m es, 50 m pp)

8 x 25 m (10") crol (25 m respirar cada 5 brazadas / 25 m ejercicio: arrastrar la punta de los dedos)

4 x 50 m (15") crol (1 largo suave, 1 en 2 EEP, 1 en 3 EEP, 1 en 4 EEP)

4 x 100 m (20") crol con aletas (haciendo 50 m suave, 50 m concentrándote en patada fuerte)

200 m de vuelta a la calma suave (estilo opcional)

Total: 1.200 m

Miércoles: 35' de carrera/caminata

5' de calentamiento caminando

4 x (10" zancada, 50" trotando, 1' caminando)

3 x (2' trotando, 1' en 4 EEP, 1' trotando, 2' caminando)

5' de vuelta a la calma caminando

Jueves: 40' de ciclismo

10' de calentamiento pedaleando suavemente

1 x (30" pedaleando con la pierna izquierda, 15" con las dos, 30" con la derecha, 45" con las dos)

3' de recuperación pedaleando suavemente

4 x 2' pedaleando rápido en 3-4 EEP, cd +90 ppm (2' de recuperación pedaleando suavemente entre esfuerzos)**

10' de vuelta a la calma pedaleando suavemente

**Durante el pedaleo rápido, presta atención a tu diálogo interior: ¿te estás entrenando con mensajes y reacciones positivos?

Viernes: 25' de natación

200 m de calentamiento (haciendo 50 m cr, 100 m pp, 50 m estilo opcional)

4 x 25 m (20") crol (25 m nadando suavemente / 25 m haciendo 15 m explosiva y 10 m suavemente)

4 x 75 m (30") (haciendo 50 m LB crol / 25 m velocidad de brazada)

200 m de vuelta a la calma (estilo opcional)

Total: 800 m

Sábado: 55' de carrera/caminata

10' de calentamiento caminando

4 x (10" zancada, 10" trotando, 1' caminando)

4 x (2' carrera a velocidad media en 3 EEP, 2' de recuperación caminando)

4 x (1' carrera rápida en 4 EEP, 1' trote suave, 2' caminando)

10' de vuelta a la calma caminando

Domingo: Ladrillo: 50' de ciclismo + 2' trotando / 3' caminando nada más bajar de la bicicleta**

10' de calentamiento pedaleando suavemente

3 x (45" pierna izquierda, 15" ambas, 45" pierna derecha, 1' 15" ambas)

5' de recuperación pedaleando suavemente

4 x 5' pedaleando rápido (con 3' de recuperación rodando suavemente entre repeticiones) en 3 EEP, cd 90+ ppm

10' de vuelta a la calma pedaleando suavemente + 2' de trote suave / 3' caminando nada más bajar de la bicicleta

**Ladrillo: prepárate para detenerte, bajar de la bicicleta y empezar a trotar/caminar de inmediato.

12.3 SEMANA 15

Tiempo total de entrenamiento: 4 h 20 min
Todas las sesiones en 1-2 EEP, en 3-4 cuando se indica

Ésta es tu última semana de entrenamiento intenso antes de empezar a reducirlo progresivamente al acercarte a tu primera competición. Debes sentir confianza en ti mismo por haber llegado hasta aquí. Hazlo lo mejor que puedas esta semana, mantén la positividad y empieza a entusiasmarte por reunirlo todo en un triatlón pronto. Vuelve a leer los apartados del Capítulo 6, "Prepararse para la prueba", a fin de asegurarte de que estás preparado.

Lunes: LIBRE

Martes: 40' de natación
200 m de calentamiento (100 m cr, 50 m es, 50 m pp)
8 x 50 m (15") crol (haciendo 25 m de respirar cada 3 brazadas, 25 m de respirar cada 5)
8 x 25 m (15") crol 2 x (1 largo suave, 1 en 2 EEP, 1 en 3 EEP, 1 en 4 EEP)
4 x 100 m (20") crol (haciendo 50 m con el ejercicio de deslizarte contando hasta tres, 50 m en esfuerzo medio)
200 m de vuelta a la calma suave (estilo opcional)

Total: 1.400 m

Miércoles: 35' de carrera/caminata
5' de calentamiento caminando
3 x (10" zancada, 50" trotando, 1' caminando)
4 x (3' corriendo más rápido en 3 EEP / 1' caminando)
Vuelta a la calma trotando 5' y caminando 3'

Jueves: 40' de ciclismo
10' de calentamiento pedaleando suavemente
2 x (20" pedaleando con la pierna izquierda, 40" con las dos, 20" con la derecha, 40" con las dos)
2' de recuperación pedaleando suavemente
3 x 3' pedaleando rápido en 3-4 EEP con 3' de recuperación pedaleando suavemente entre repeticiones
10' de vuelta a la calma pedaleando suavemente

Viernes: 30' de natación

200 m de calentamiento (haciendo 50 m cr, 100 m pp, 50 m estilo opcional)

8 x 25 m (15") crol (alterna 25 m rápido / 25 LB)

3 x 150 m (45") crol (haciendo 75 m el ejercicio de arrastrar la punta de los dedos, 25 m nadando suavemente, 50 m nadando rápido en 3 EEP)

200 m de vuelta a la calma (estilo opcional)

Total: 1.050 m

Sábado: 50' de carrera/caminata

15' de calentamiento caminando/corriendo

5 x (10" zancada, 30" trotando, 1' caminando)

3 x (3'carrera rápida en 3 EEP, 2'caminando)

Vuelta a la calma trotando 10' y caminando 5'

Domingo: 65' de ciclismo + 10' de carrera nada más bajar de la bicicleta

15' de calentamiento pedaleando suavemente

3 x (30" pierna izquierda, 15" ambas, 30" pierna derecha, 45" ambas)

4' de recuperación pedaleando suavemente

2 x 7' rodando más rápido en 3 EEP con 3' de recuperación rodando suavemente entre esfuerzos

10' de vuelta a la calma pedaleando suavemente

Vuelta a la calma trotando suavemente 5' nada más bajar de la bicicleta y caminando 5'

12.4 SEMANA 16

Tiempo total de entrenamiento: 2 h 45 min
Todas las sesiones en 1-2 EEP, en 3-4 cuando se indica

¡Felicidades! Has conseguido llegar a la semana final del plan de entrenamiento. Ésta es tu semana de disminución gradual. Descansarás y estarás fresco para la prueba este fin de semana. En vez de tomarte un descanso total, entrenarás en dosis ligeras pero frecuentes para mantenerte activado y descansado para la competición.

Lunes: LIBRE

Martes: 20' de natación
100 m de calentamiento (50 m cr, 50 m pp)
2 x 50 m (20") crol (25 m respirar cada 5 brazadas / 25 m respirar cada 3)
2 x 25 m (15") crol (1 suave, 1 explosivamente)
5 x 100 m (10") crol (haciendo 50 m el ejercicio de arrastrar la punta de los dedos,
    50 m con esfuerzo medio)
100 m de vuelta a la calma suave (estilo opcional)

Total: 850 m

Miércoles: 15' de carrera/caminata
5' de calentamiento caminando/trotando
3 x (10" zancada, 1' 50" trotando, 1' caminando)
5' de vuelta a la calma caminando/trotando

Jueves: 25' de ciclismo
5' de calentamiento pedaleando suavemente
2 x (2' en 3 EEP con 3' de recuperación pedaleando suavemente)
10' de vuelta a la calma pedaleando suavemente

Viernes: 15' de natación
100 m de calentamiento (haciendo 50 m cr, 100 m estilo opcional)
8 x 25 m crol (25 m haciendo 15 m explosivos y 10 m suaves / 25 m suaves, con 10"
    de descanso)
200 m crol normal nadando suavemente
100 m de vuelta a la calma (estilo opcional)

Total: 600 m

Sábado: 20' de carrera/caminata O DESCANSO

10' de calentamiento caminando

4 x (30" trotando, 15" zancada, 1' 45" caminando)

5' de trote suave

5' de vuelta a la calma caminando

Domingo: ¡LA PRUEBA!

Si te quedan todavía un par de semanas para tu primera competición, evalúa cómo te sientes y elige algunas de las sesiones pasadas que mantendrán tu actual nivel de forma, ¡mantente motivado y descansado al mismo tiempo!

12.5 ¿SABÍAS QUE...?

Además de mejoras físicas, el ejercicio ofrece muchos beneficios mentales. El ejercicio regular disminuye el estrés ayudando a disipar el ácido láctico que se acumula en la sangre y agudiza el cerebro incrementando la cantidad de oxígeno disponible. Asimismo, incrementa la producción de endorfinas (esas pequeñas sustancias que producen una sensación de bienestar y aumentan la resistencia del organismo al dolor) y estimula la liberación de epinefrina, una hormona que produce una sensación de felicidad y entusiasmo. Así que, si has tenido un día difícil en el trabajo... ¡lo mejor que puedes hacer es coger las zapatillas de correr y salir por la puerta de casa!

© Dan Smith

CAPÍTULO 13
¡Lo has conseguido!
¿Y ahora qué?

Enhorabuena por haber finalizado tu primer triatlón. Y aún más importante, felicidades por dedicarte al entrenamiento requerido, por consagrar tus esfuerzos a un programa y una meta y seguirlo. Gracias a tu propia capacidad para organizar tu tiempo y encontrar una manera, has alcanzado tu meta. Debes sentirte orgulloso. Si eres como mucha gente que se inicia en triatlón, probablemente ya habrás establecido nuevos objetivos y buscado nuevas pruebas mientras te entrenabas para ésta. En el fondo, seguramente tengas una lista en tu mente de todo lo que quieres mejorar y de qué pruebas piensas que sería divertido intentar. ¡Puede que ya estés soñando con comprarte una nueva bicicleta de competición!

13.1 RECUPERACIÓN DESPUÉS DE LA PRUEBA

Lo primero que tienes que pensar después de terminar una prueba, y en especial si tienes otros objetivos, es en la recuperación. Reponerse no significa poner los pies en alto y descansar en la cama, como cuando decimos "recuperarse de la gripe". La recuperación deportiva es activa, pero suave, y en realidad se refiere a lo bien que puedes adaptarte al duro trabajo que acabas de realizar.

Trabajo Intenso + Recuperación = Adaptación = Mejor Rendimiento.

La recuperación se refiere al estado en el que tu organismo puede adaptarse positivamente al trabajo intenso que acabas de hacer para fortalecerte. La competición tiende a estresar el organismo más que el entrenamiento, ya que lo normal es que los atletas superen su nivel (estrés físico) y se esfuercen más (estrés emocional) durante las competiciones claves. La falta de recuperación provoca una mala adaptación al estrés que con el tiempo puede producir lesiones, sobreentrenamiento y síntomas de fatiga crónica.

Lo bien que te repongas dicta cuándo puedes volver a entrenar, pero también lo fuerte que estarás cuando vuelvas a empezar. La recuperación debe introducirse en el plan de competición: con mucha frecuencia los atletas cruzan la meta y piensan que han terminado la jornada, cuando, en realidad, la recuperación es un eslabón fundamental para lograr beneficios de lo que se acaba de hacer.

La recuperación después de la prueba empieza antes de transcurridos 15 minutos después de terminarla. Debes recuperar líquidos y también ingerir unas 200-300 calorías (principalmente hidratos de carbono y pequeñas cantidades de proteínas) para recuperarte. Existe una fugaz oportunidad de recuperación óptima. Los deportistas que pasan por alto esa oportunidad de nutrición a corto plazo después de la prueba informan de una mayor inflamación y tensión muscular, debidas a la severa reducción de energía muscular y la acumulación de ácido láctico. Excelentes opciones para reponer el glucógeno muscular después de la prueba son:

- Pan blanco.
- 250 ml de leche chocolateada, o sola.
- Un plátano.
- Melón.
- Bebida deportiva.
- Galletas.
- Pasas.
- Una barrita energética o de recuperación, como PowerBar® Sport.

Otra cosa que puedes hacer inmediatamente para ayudar a la recuperación es pasear para soltar las piernas, darte una vuelta en bicicleta o nadar suavemente en el lago de al lado de casa. Un suave masaje después de la prueba —si tienes esa opción— también puede ser excelente para conseguirlo.

Antes de transcurridas varias horas de la prueba, no dejes de tomar una comida nutritiva rica en hidratos de carbono, proteínas magras y verduras frescas. Está bien celebrar la ocasión con un vaso de vino, pero demasiado alcohol afecta a la capacidad del organismo para reparar los daños sufridos a nivel celular. El alcohol y la cafeína también afectan a la hidratación y al sueño, otros dos factores que son importantes para recuperarse de la competición.

13.2 LISTA DE COMPROBACIÓN PARA LA RECUPERACIÓN DE LA PRUEBA

Después de la prueba

- Come/bebe alimentos que ayuden a la recuperación antes de transcurridos 15 minutos.
- Pasea o muévete.
- Estira un poco.

Esa noche

- Haz una comida nutritiva.
- Recibe o date tú mismo un masaje.
- Realiza estiramientos.
- Duerme bien.

Planificar la recuperación en los días posteriores a una prueba es importante por varias razones. En primer lugar, te proporciona parámetros bien diferenciados para las sesiones posteriores a la competición, permitiendo a tu cuerpo repararse y fortalecerse después del esfuerzo extremo, aunque estés listo mentalmente para entrenar intensamente. Igual que en el entrenamiento, la recuperación de las competiciones te permite fortalecerte como atleta y hacer mejoras sistemáticas. En segundo lugar, al planificar tu temporada de competición, tener presente la recuperación te permitirá elegir pruebas que te lleven a un punto culminante y no te socaven cada vez más. Competir todos los fines de semana parece divertido al principio, pero esa falta de recuperación emocional y física lo más probable es que acorte tu temporada.

Llevar un diario después de las pruebas y las sesiones intensas te permitirá, con el tiempo, averiguar el tipo de atleta que eres y lo que requieres para recuperarte de las diversas distancias.

La duración e importancia de la recuperación dependen de varios factores, de los cuales no es el menor el tiempo de recuperación individual. Algunos de nosotros tres semanas después de un Ironman todavía no podemos bajar corriendo una cuesta, y otros están dando saltos por ahí unos días más tarde. También influyen la puesta a punto realizada hasta la prueba y lo importante que sea la competición. Hay que hacer una puesta a punto más larga y "dar" más en los campeonatos regionales de mediados de temporada que al correr la San Silvestre a final de año, ya que requieren una recuperación más larga.

Una prueba de distancia *sprint* u olímpica normalmente requiere entre 4 y 7 días de recuperación, algo que depende del atleta y de los dolores que tenga después de la prueba. A menudo el atleta se sentirá estupendamente el día posterior a un rendimiento excelente, y "volará" durante una sesión de carrera, ya que estará todavía en las alturas por el acontecimiento emocional positivo. El segundo día suele ser el peor para el cansancio, un efecto denominado "aparición retardada de la fatiga". El tercer día el atleta puede hacer algo de trabajo aeróbico ligero y luego, el cuarto día, normalmente puede meterse en una sesión más larga. Como pasa con la mayoría de las cosas, escuchar a tu cuerpo es lo mejor que puedes hacer.

Un período de recuperación es también una renovación mental, ya que los días previos a una prueba pueden ser estresantes y llenos de intensas emociones y de control emocional. También es buen momento para repasar la prueba, tomando notas sobre lo que salió bien, lo que no salió tan bien y lo que harías de distinto modo la próxima vez que compitas y te enfrentes a la misma situación.

Utiliza tu período de recuperación como una oportunidad para tomarte un descanso, pero sigue disfrutando de tus actividades sin presión para rendir. Programa masajes en tu período de recuperación y ocupa parte del tiempo libre que tengas con sesiones de estiramientos. Concéntrate en una buena nutrición e hidratación; son favores que haces a un cuerpo que está haciendo todo lo posible por recuperarse.

13.3 APRENDER DE TU PRUEBA: ANÁLISIS

Los atletas de éxito repasan sus competiciones, observando sinceramente lo que ocurrió, lo que hicieron bien y lo que podrían haber hecho mejor. Suele ser aconsejable dejar que pasen varios días antes de hacer un análisis. Y esto por varias razones: si tu prueba salió especialmente bien, tu "subidón" emocional y tus sentimientos de ser una persona extraordinaria pueden impedirte mirar áreas que podrías mejorar. Asimismo, si la prueba fue decepcionante, al principio te resultará difícil reflexionar con claridad. Unos cuantos días normalmente aclaran las cosas; entonces podemos pasar página y volver al trabajo.

Después de varios días de reflexión, sirve de ayuda hablar sobre la prueba con un entrenador o con alguna otra persona de confianza. Es también buena idea poner por escrito tus pensamientos.

Toma algunas notas sobre cosas que hicieras bien antes y en la prueba. Tal vez la carrera no salió como estaba planeado, pero no pases por alto la forma en que te preparaste para la competición, o la manera en que realizaste el segmento de natación y de ciclismo. Un componente que fallara en una prueba no es más que eso. Los triatlones, por su índole trideportiva, ¡nos presentan muchas formas tanto de sobresalir como de fracasar! No considere el análisis posterior como un juicio de tu valía, sino como una oportunidad de fijar nuevos objetivos y apreciar lo que acabes de hacer.

Sé consciente de factores que escaparon totalmente a tu control, como el tiempo atmosférico, los oficiales y delegados de la prueba o las acciones de otros competidores, y ponlo en perspectiva. Si éste es el caso, hay que tomarse con filosofía las circunstancias que han conducido al fracaso. Reponte y pasa página de este tipo de decepciones.

Lucy reflexiona sobre las decepciones

En general existen tres filosofías deportivas que he desarrollado con el paso de los años como atleta y entrenadora:

1. Tratar de evitar tomar grandes decisiones o introducir cambios en tu carrera deportiva cuando las cosas no van bien o después de un rendimiento inferior a lo previsto.

Es fácil reaccionar emotiva o irracionalmente después de una decepción. Es mejor tomar las decisiones importantes después de una buena competición, o tras tomarse un período de tiempo razonable para sentarse a reflexionar y pensar con claridad. Varias veces después de una gran prueba que sale mal los atletas me han dicho: "Hasta aquí hemos llegado, me voy a dedicar a otra cosa", o "No quiero volver a hacer esto". Después de unas pocas semanas, se dan cuenta de que tal vez haya que hacer algunos ajustes, pero no una revisión completa de su carrera deportiva, ni cambios drásticos.

2. No castigarse nunca por un rendimiento inferior a lo esperado en una prueba o un entrenamiento. Observar lo que podría haberse hecho mejor, pero no atormentarse porque no se haya hecho bien.

Siempre puede sacarse algo positivo de una competición o un entrenamiento. En Ironman Canada teníamos a una triatleta profesional en forma y con la puesta a punto perfecta-

13.4 LISTA DE COMPROBACIÓN POSTERIOR A LA PRUEBA PARA APRENDER

- ¿Cómo fue la puesta a punto y mi estado mental la semana previa a la prueba?
- ¿Cómo fue la inscripción? ¿Que haría de manera distinta?
- ¿Cómo fue la preparación y la nutrición la mañana de la prueba?
- ¿Cómo estaba mi estado emocional la mañana de la prueba?
- ¿Cómo fue la preparación de las transiciones? ¿Tenía todo lo que necesitaba?
- ¿Cómo fue mi calentamiento? ¿Volvería a hacer lo mismo?
- ¿Cómo fue la salida?
- Evalúa el segmento de natación, ciclismo y carrera a pie desde una perspectiva técnica y desde el punto de vista de lo concentrado que estabas.
- Evalúa tus transiciones. ¿Fueron fluidas, tranquilas, rápidas?
- ¿Cómo afrontaste la fatiga al final de la prueba?
- ¿Cómo afrontaste la competición?
- ¿Cómo fue tu recuperación inmediata y diferida?

mente realizada para su primer Ironman. Había trabajado intensamente para la prueba y hecho una excelente labor en entrenamiento. Antes de que pudiera subirse siquiera a la bicicleta, se enredó en la rueda de otra competidora en la T1, se hizo un corte grave en el pie y allí terminó su jornada. Estaba sumamente decepcionada por no haber sido capaz de competir en sus dos disciplinas favoritas, las que mejor se le daban, y deprimida por no haber evitado el percance en el área de transición. Reflexionamos y decidimos que el proceso del entrenamiento seguiría siendo fortalecerla para la siguiente competición, que la preparación mental implicada en prepararse para una competición importante y controlar los nervios, etc., es una habilidad importante a desarrollar, y que había hecho un buen trabajo al respecto. También decidimos que necesitaba comprender mejor el trabajo sobre transiciones antes de la prueba, y tratar de adelantarse a las áreas problemáticas.

3. Las sesiones de entrenamiento o las competiciones NO son los Campeonatos del Mundo: no tienes que ponerte a prueba cada vez que salgas de casa. Tienes que conocer cuál es el propósito de la sesión o la prueba y completarla adecuadamente. Ve suave cuando tengas que ir suave e intensamente cuando sea el momento de machacarse. Ten metas para tus sesiones y no siempre sólo objetivos temporales u orientados a resultados, sino también técnica, concentración y disfrute. Haz ajustes si las metas no se han alcanzado. Decide que tu confianza no va a estar determinada por el resultado de una o varias sesiones de entrenamiento. Reconoce que todo el mundo tiene días buenos y malos, y que es más importante la regularidad (física y mental). No puedes echar las campanas al vuelo en cada sesión.

Con esta lista de comprobación, serás capaz de sacar algunos aprendizajes claves y también encontrar áreas que te gustaría mejorar. También podrías plantearte cuestiones que, cuando sean respondidas por otro triatleta más experto o un entrenador, fortalezcan más tu experiencia y conocimientos sobre este deporte.

Si sigues centrándote en lo que quieres aprender y lograr, será más fácil planificar tu próxima prueba y tus objetivos a corto plazo, y empezar a pensar con antelación en cómo quieres realizar un rendimiento aún más excelente.

Serás capaz de identificar unos nuevos objetivos, pero, como mínimo, te dará una instantánea de tu primera prueba y en concreto reflejará exactamente lo que hayas logrado. Esto debería hacerte sentir magníficamente respecto a ti mismo iy hacerte sentir aún más metido en este estupendo deporte!

13.5 PROGRESAR: NUEVAS METAS

Ahora que has pasado por la experiencia de entrenar para una prueba y dispones en tu haber de un triatlón, tienes una idea mucho mejor de este deporte y de lo que supone. Este conocimiento recién descubierto es una excelente plataforma desde la que establecer nuevos objetivos para ti mismo y crear nuevas oportunidades vitales de las que estés orgulloso y que sean muy gratificantes. Habrás logrado hacerte una buena idea de tus habilidades en tres disciplinas deportivas, el tiempo que lleva entrenar y, si eres sincero contigo mismo, lo competitivo que quieres ser.

Como probablemente hayas visto, tener prioridades claras permite tener una visión más clara del enfoque que adoptarás respecto a tu próxima prueba. Después de haber hecho esa lista de áreas en las que puedes mejorar, puedes empezar a establecer objetivos. Antes de definirlos, tienes que responder a algunas preguntas importantes:

- ¿Hasta qué punto estoy comprometido en mejorar este aspecto de mi triatlón? Los atletas tienen que hacer suyos los objetivos para convertirlos en realidad.

- ¿Estos objetivos encajan como prioridades en mi vida? Si quieres bajar 15 minutos en el recorrido de natación de 3,8 km, ¿querrás o podrás ir a la piscina 2 ó 3 veces a la semana?

ESTABLECER NUEVAS METAS

Utilizando la "lista de posibles mejoras" que hayas creado partiendo de tu análisis de la temporada, además del conocimiento de tu dedicación y prioridades, puedes ahora empezar a poner por escrito tus futuros objetivos. He aquí algunas cosas que debes tener presentes al escribir tus metas:

- Empieza diferenciando entre objetivos referidos a procesos y a resultados. Los primeros se basan principalmente en tareas sobre las que tienes el máximo control posible, como los programas de entrenamiento, las habilidades deportivas o correr relajado.
- Tus objetivos tienen que ser realistas, mensurables y alcanzables. Mejorar los tiempos para determinada distancia, mejorar las técnicas para el manejo de la bicicleta o conseguir controlar el estrés previo a la prueba son todos objetivos medibles que podrás analizar después de la actuación. Ser "feliz" es difícil de valorar, así que trata de ser concreto.

LOGRAR TUS METAS

Tus objetivos están puestos por escrito, y realmente te sientes comprometido para alcanzarlos la próxima temporada y convertirte en un mejor triatleta. Ahora necesitas evaluar lo que tienes que hacer para llegar allí; si no, son sólo palabras sobre el papel. Aquí es donde entra en juego el mapa de carreteras. En el camino hacia los grandes objetivos, tomas un sendero y estableces hitos menores. Cuando alcances éstos, podrás evaluar si sigues en el camino correcto para llegar a tus metas y si puedes tener pequeños triunfos sobre la marcha que te mantengan motivado. En este punto puedes empezar a utilizar recursos externos.

- ¿Tienes las habilidades necesarias para mejorar en natación, ciclismo o carrera a pie por ti solo?
- ¿Necesitas un entrenador, tienes que asistir a un campamento de triatlón, apuntarte a un club cercano o conseguir algunos libros de consulta?
- Hay que considerar otros recursos, como los apoyos (financieros y de amigos y terceros importantes), los viajes o el equipamiento.

Lo más probable es que hayas estado pensando en tu próxima prueba antes siquiera de llegar a la mitad de la preparación de ésta. Este deporte es contagioso y existen muchas oportunidades de lograr el éxito personal y de divertirse. La entrega a los progresos y mejorar temporada tras temporada forman parte de este deporte.

Cada paso cuenta. Cada vez que compites o te entrenas tienes la oportunidad de lograr algo. Que ese algo sea extraordinario depende en gran medida de ti y de tu actitud.

CAPÍTULO 14
Reflexiones finales

Como con cualquier tema técnico, la variedad de información que podría incluirse en este libro es ingente. He tratado de añadir tanta información esencial para principiantes como he podido, basándose mi criterio en mi largo historial ayudando a principiantes en triatlón y en carrera, así como entrenando a atletas para lograr sus metas. En cierto punto de mi carrera deportiva también fui una triatleta principiante y se me plantearon muchas preguntas que fueron respondidas por amigos, entrenadores y, sencillamente, yendo a pruebas. No disponía de Internet ni de Google cuando empecé en triatlón, y tuve que depender sobre todo de formular preguntas. Mi objetivo para este libro era filtrar todas esas cuestiones en un manual que fuera a la vez útil y práctico sin dejar de captar lo emocionante de este deporte.

He tratado de enmarcar la manera de hacer las cosas empleando mi propio saber y entender, para lo cual he tenido que entrelazar las complejidades de competir y entrenar con lo que he aprendido en veinte años como deportista de alto rendimiento y quince años como entrenadora. Parte de la información podría ser más de lo que ahora mismo necesitas, pero confío en que, a medida que aprendas y mejores, puedas volver una y otra vez a mis consejos sobre entrenamiento, establecimiento de metas, preparación para la prueba y competir.

Tener un gran entrenador mejora realmente tus posibilidades de éxito. El triatlón puede abarcarlo casi todo, por lo que hacer que un experto desarrolle tu programa de entrenamiento y te apoye con excelentes consejos generalmente conduce a grandes logros. Si te han parecido valiosos los consejos de este libro, puede que quieras ponerte en comunicación con LifeSport para conseguir que alguien te entrene. Encontrarás más información en: www.lifesportcoaching.com.

En LifeSport Coaching estamos orgullosos de ser los "entrenadores oficiales de Ironman". LifeSport e Iroman se han unido para proporcionar entrenamiento del máximo nivel, programas y campamentos de preparación para atletas que compiten en Ironman, 70.3 o triatlones de corta distancia. LifeSport cree que todas las personas que deseen alcanzar sus metas personales deben poder disponer de entrenadores excelentes. LifeSport, dirigido por Lance Watson y Paul Regensburg, entrenadores de medallistas de oro, de 70.3 y de Ironman, ofrece entrenamiento personalizado, sistemático e interactivo a atletas de todos los niveles.

En LifeSport nuestra filosofía se basa en proporcionar progresiones de entrenamiento a medida mientras el atleta adquiere una educación tanto deportiva como sobre sí mismo. El entrenamiento de LifeSport está estructurado para lograr las metas del atleta construyendo un programa que se ajuste a sus necesidades y su estilo de vida personales. Con entrenadores de LifeSport, no hay sesiones desperdiciadas, ni kilómetros insustanciales. En LifeSport estamos orgullosos de haber entrenado a numerosos atletas por grupos de edad para alcanzar logros impresionantes, como completar su primera prueba, lograr récords personales o cualificarse para Pruebas válidas para el Campeonato del Mundo Ironman. Nuestra interacción de asesoramiento y programas de entrenamiento personalizados hace hincapié en la puesta en forma, el rendimiento y la inspiración para todos nuestros clientes. Los programas diseñados a medida están garantizados para ayudarte a lograr tus metas y sueños.

¡Contacta con nosotros y verás cómo creamos el programa perfecto para ti!

Agradecimientos

Me gustaría dar las gracias a LifeSport Coaching por darme la oportunidad de escribir este libro para principiantes. Los fundadores de LifeSport, Lance Watson y Paul Regensburg, han sido esenciales para mi desarrollo como entrenadora y como

atleta. Han sido inmensamente útiles con sus conocimientos, ideas y recursos siempre que he necesitado dar respuesta a una pregunta. Estar casada con uno de los mejores entrenadores de triatlón del mundo ha tenido un enorme impacto en mi propio desarrollo como atleta y entrenadora; para mí ha sido una bendición contar con un mentor así. Además, he podido usar mucha información y documentos sobre entrenamiento que tenemos a mano en LifeSport, de lo cual estoy agradecida.

Por sus valiosas aportaciones y comentarios con fotografías, me gustaría dar las gracias al entrenador de LifeSport Dan Smith. Por su entusiasmo por el estilo de vida del triatlón, me gustaría mostrar mi agradecimiento al resto de los entrenadores de LifeSport que forman parte de un equipo formidable: Mark Overton, Mark Shorter, Christopher Thomas, D'arcey Musselman, Jessica Depew y Bjoern Ossenbrink.

Agradezco a Brian Baker y Frank Lucarelli de PowerBar Canada su inmenso apoyo e información nutricional a lo largo de los años ayudando a convertir en éxito el día de la prueba para mí y los atletas que entreno.

Gracias a mi hermana Jo Smith, que ha escrito tantos de sus propios capítulos para su doctorado en biología y fue un enorme apoyo para "acabar el trabajo".

Y gracias a mi marido, Lance, que de buen grado asumió deberes extra en su papel de "papá" con Maia y Ross bastantes mañanas, para que yo pudiera levantarme a las 5:30 y escribir este libro. Nuestra vida es un triatlón de deporte, niños y amor.

CRÉDITOS FOTOGRÁFICOS

Foto de cubierta: © fotolia/jon11

Fotografías: ver cada una de ellas

Diseño de cubierta: Sabine Groten

Otros títulos publicados por TUTOR:

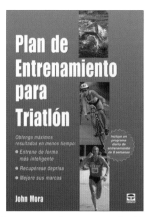

Plan de entrenamiento para triatlón
JOHN MORA
Cód.: 500390. 224 páginas

Cómo conseguir máximos resultados en menos
tiempo en las pruebas de triatlón: Entrenar de
forma inteligente, recuperarse deprisa y mejorar
las marcas.

Iniciarse en triatlón (2.ª edición)
PAUL HUDDLE y ROCH FREY
Cód.: 500270. 160 páginas

Programa de entrenamiento con información sobre
todo lo necesario, para una primera participación
en un triatlón.

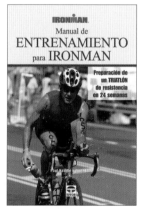

Manual de entrenamiento para Ironman
PAUL HUDDLE y ROCH FREY
Cód.: 500280. 176 páginas

Plan de entrenamiento en 24 semanas para
participar de modo saludable en una prueba
de Ironman.

Triatlón. Éxito de por vida
PAUL HUDDLE y ROCH FREY
Cód.: 500301. 224 páginas

Detalladas instrucciones y planes de entrenamiento,
con los consejos necesarios, para veteranos de
todos los niveles.

Otros títulos publicados por TUTOR:

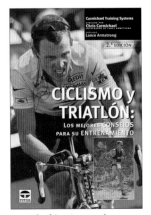

Ciclismo y triatlón: Los mejores consejos para su entrenamiento (2.ª edición)
CHRIS CARMICHAEL
Cód.: 500256. 192 páginas

Las técnicas y métodos del entrenador de Lance Amstrong, con consejos para el entrenamiento físico, la actitud mental y la elección de la estrategia más adecuada.

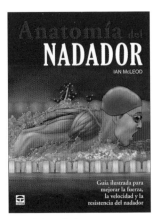

Anatomía del nadador
IAN MCLEOD
Cód.: 502086. 200 páginas

74 efectivos ejercicios para mejorar la fuerza muscular en los cuatro estilos de competición. Con descripciones paso a paso e ilustraciones anatómicas en color altamente ilustrativas de los músculos implicados

Anatomía del ciclista
SHANNON SOVNDAL
Cód.: 502079. 200 páginas

Este libro presenta los 74 ejercicios más efectivos en el entrenamiento del ciclista. Con ellos enseña cómo mejorar la forma física incrementando la fuerza muscular y optimizando la eficiencia en cada movimiento.

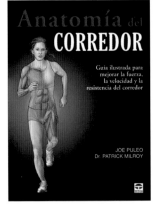

Anatomía del corredor
JOE PULEO y PATRICK MILROY
Cód.: 502088. 200 páginas

Ofrece 50 de los ejercicios de fuerza más efectivos para el corredor, descritos paso a paso y con ilustraciones absolutamente precisas desde el punto de vista anatómico de los músculos implicados.

Si desea más información sobre éstos y otros libros publicados por Ediciones Tutor, visite nuestra página: **www.edicionestutor.com**